はじめに

本書は、競合・相見積もり・値引きや失注のない営業展開をしたい。また、可能な限り自社で成約する顧客に集中したい。「社長が本気で提供したい価値観」で勝負できる工務店になりたい。と望んでいる社長のためのものです。

小さいながらも次の世代へと成長し続ける工務店経営の礎を築きたいと切に願う、言わば『小なれど一流』を目指す経営者諸兄姉に向けた専門の書です。

具体的には大量の失注を見越して多くの分母（見込客）を獲得し価格で競争する「従来型の商売」からシフトし、より確度が高い少ない分母（見込客）から確実に業績を挙げていく「現代型のビジネスモデル」に転換、成果を最大化して頂くために書きおろしました。

そうは言っても一般的なビジネス書によくあるような、大上段から難しい専門用語を並べ解説したり、著名な海外のマーケティング理論を学ぶようなものではありません。

それは「中小企業が大企業など成功した企業の現在の姿から学べるものは少ない」との考えからです。

商業化された多くの成功理論には後付けのものも多く、我々中小企業が取り入れるべきではないものも散見されます。企業は同じ事業をやっていても、規模が違えば全く別の世界の生き物だと言えるからです。

では、どうしたらいいのでしょう？

私はこのことについて確信していることがあります。それは、

「成功した企業が、成功する前の小さな規模の段階でどんな事をやっていたのか？その中で何が決定的に成功要因だったのか？をその企業の『過去』から学ぶべきだ」

ということです。私が論ずることが出来るのは私の体験してきた範囲にとどまりますが、十分に読者諸兄姉に活用していただけるだけのものがあると気づき、今回の出版となりました。

これまでの人生で最も多くの体験をさせていただいた株式会社シンケンのある鹿児島市は、マーケットとしては三拍子揃った厳しい市場です。

具体的に挙げてみます。

●地方都市としては土地価格が高い
●全国平均に対して所得水準が低い
●著しい若年層の流出が定常化している

これらは構造的な要因であり、随分と昔から続いていて変えることの難しいものばかりです。しかし、その中にあってハウスメーカーと同等か或いはそれ以上の請負金額にもかかわらず、毎年受注棟数を地道に伸ばしてきたのがシンケンという会社です。

どうしてそのようなことが出来るのでしょう？

それは厳しいマーケット環境であるからこそ、磨かれてきたものがあるからです。

私が鹿児島のシンケンに入社したのは２０００年６月でした。

当時は未だＳＩＮＫＥＮＳＴＹＬＥのロゴも公式ＷＥＢサイトもなく、神戸在住であった私にとってシンケンは謎多きミステリアスな会社でした。

シンケンでの事業の在り方は「塩トマト」に例えることができます。あの小さくてすごく甘い、特別なトマトです。厳しい生育環境であるが故に、ひときわ美味しい作物に育つところがよく似ています。

振り返ってみれば、良い時に入社させてもらえたと思います。

当時は、まだまだ足りないものが多くある中で「どのように事業に臨むのか」を身をもって考え感じることができたからです。それは、あの時代、鹿児島で、シンケンのもとでないと経験することが出来なかったものです。


本書では、私がこれまで実践する中で実際に体験してきた当時の様子を紹介しながら、その時々で何が結果に結びつく要素であったのかを分かりやすく解説しています。

その時は無我夢中で無意識にやっていた事でしたが、後から思えば「必ずよい結果・成果に結びついていた」というポイントばかりを集めました。これまでクライアントの経営陣に、時間をかけてお話してきた内容でもあります。

今より若い頃の私の体験談ですが、社長諸兄姉が皆一様に乗り出して聴き入ってくれたエピソードばかりを記しました。また、より理解を深めて頂くために、現在のコンサルティングの定石を確立するに至った、クライアントの事例も後半で紹介しています。

情報化が進む社会環境の中では「商業的」なもの、「後付け」の盛られた内容のものに触れる機会・頻度がどうしても増えてしまい、判断を誤ってしまうことが起こりがちです。

ちまたに情報量が多いからといっても、必ずしもそれが「正しい」とは言えないのです。
中小工務店の社長に必要なものは「小手先の戦術」や「スキルアップ」ではありません。必要なのは**「いかに自らが望む顧客と出会える道筋を確立するか」**という確たる戦略です。

本書が、貴社の「本物の発展を遂げるための羅針盤」になれれば幸いです。

２０２４年　６月

「日本一の工務店」のシンボルハウス戦略®開発者　吉岡 孝樹

目次

「競合研究・競合対策」をやっていないか？

性能合戦に巻き込まれてないか？
周辺相場ばかり気になっていないか？
研究すればするほど似てしまう

「コラボ」と称して丸投げを習慣化していないか？

何を目的にコラボするのか
「コラボ」＝「丸投げ」は二流の証
自らを「下請け的元請け」にする危険な外注とは

「捕らぬ狸の皮算用」をして現状にあぐらをかいていないか？

市場規模をあてにする愚
既契約者をあてにする愚
行政の推進分野に傾注する愚

お客様の要望を「カタチ」にしようとしていないか？

「誤解」に席巻される住宅業界で勝ち残るために

本書は、「社長が本気で提供したい価値観」で勝負できる工務店になりたい。と切に願う経営者諸兄姉に向けた「専門の書」だと申し上げました。

「専門の書」とは、何かを学び取り、自らの糧にするための「手引書」としての役割も持っています。したがって「とりあえず早く展開したいから、すぐに導入して手っ取り早く外部に任せたい」などと考えている社長には向いていません。あくまでも、

- **「社長が本気で提供したい価値観」で事業を行うことを目指したい**
- **なるべく外部に丸投げではなく自前で実施したい**
- **特定の社員に依存するのではなく組織としてのものにして行きたい**

とお考えの社長に向けた内容になっています。

私はコンサルティングを通じて、顧客から選ばれて成長するための様々なノウハウをお伝えしています。

しかし、多くの社長はそのノウハウのみを当てにして、社員に丸投げし業績向上を目論みますが、その姿勢には重大な副作用があることも分かってきました。社長自身が考え方を学び腹落ちした上で実践手順を全社に共有しないと、せっかくのハウツーやノウハウが会社にとって自らを傷つける負の武器、すなわち「凶器」にもなり得るからです。

ところで、みなさんは「今後も安定した成果をあげて、成長が見込める工務店」と聞いたとき、どんな組織や状態をイメージされるでしょうか？

①ＷＥＢや動画に加え、最新のデジタル広告を活用し大量集客している
②最先端の顧客管理システムやクラウドツールが導入され、高度な情報活用ができる
③著名な建築家とコラボをしていて、こだわりのモデルハウスを運用している
④時々業界誌に紹介されていたり、視察会や社長の講演を開催している
⑤高性能な規格商品を展開し、受注棟数を大きく伸ばしている

実は、これらすべての回答が根本的に間違っています。

なぜなら①〜⑤の会社の中でも、実のところ困っている会社は多く実在するからです。表現を変えると、困っているから①〜⑤のような大きなコストのかかる施策を推進していると言ったほうが、実態を正しく表しているぐらいです。

ここがこの話のいちばんのポイントです。

断言します。いくら数多くの見込客情報を集めたところで、消費者の「満たされないもの」との結びつきをつくっていけないと、競争には勝てなくなってきたという事です。

それは、時として我々供給者が意識していない、潜在需要であったりします。そこに対応するのが中小企業の本来の使命であり、戦略の基礎とすべきポイントです。何も進んで大企業のマネをすることはないのです。


私が実務的にご指導し、目指す企業の姿は次のようなものです。

① **「社長が本気で欲しいと思える価値観」で商売をしている**
② **「必勝パターン」が熟知されている**
③ **「指名受注の導線」が確立されている**

④「自然体で全員営業」ができる組織になっている

⑤「顧客教育の自動化」としての発信体系ができている

これらは社長に「勝算」を持って今後の事業を展開していただくための必要条件です。これらの条件が整った組織は、競合・相見積もり・値引きはもちろんのこと、失注も最小限となります。そして、少ない分母（集客数）で確実に受注をあげていきますので、全社員・協力会社が自社で受注する顧客に集中、充実したサービスを提供することが可能になります。そうして顧客が惚れ込むサービスレベルをあたりまえにした会社は、結果として「価格決定権」を手中にすることができるようになるのです。

こういう話をすると「そんな夢のような」と言われる社長も多いですが、よく考えてみてください。

今日のような社会で中小企業が「働き方改革」も「賃上げ」も実施しながらの経営は、これらの条件を「あたりまえ」にしていかないと、とてもやっていけません。これまでの延長線上ではもたないことは、多くの社長が既にお感じになっている事と思います。

昨今では様々な分野でデジタルシフトが進行しています。しかし、これまでの延長線上でのデジタルシフトは「自滅への道」を急ぐことにも繋がります。本格的なデジタルシフトに踏み切る前に、組織の持つ「条件」を転換してからにしていただきたいのです。なぜなら、デジタル活用は良くも悪くもその企業実態が増幅されて世の中に伝搬するからです。不用意な拡散は企業としての致命傷にもなりかねません。

そして、ネット上に一度放たれたものは「その後完全には取り除くことができなくなる」という性質も併せ持っているという点を忘れてはいけません。

序章

「日本一の工務店」前夜のはなし

「違う世界に住む同業」の過去から学ぶこと

「天国」と「地獄」の両方を見た

私はこれまで30年以上にわたり、住宅に係わる仕事を通じて「天国」と「地獄」を見てきました。

「地獄」とは、多くの競合他社と相まみえ、最後の最後まで価格で比べられる世界。「天国」とは、顧客から選ばれ、信頼のもとに値段が高くても喜んで買っていただける世界。別の言い方をすると、価格を自分で決められる世界だと言えます。

住宅業界では、これまで大阪にて地獄側に10年、鹿児島にて天国側に20年身を置いてきました。出身地の大阪では、商談客の3割も契約が取れたらトップセールスでした。プロ野球選手並みの難易度です。それ故に成約の際の達成感たるものは、充実したものでした。その達成感はどこから来ていたのかというと、周囲からの賞賛によるものでした。当時は未だ、自らの物差しがなかったのです。

ひょっとすると当時達成感があったのは、一件の契約までの犠牲があまりにも大きかったからかもしれません。何しろ、商談の7割は失注している訳で、設計・積算担当者をも毎回巻き添えにしているのですから。それゆえに久々に成約すると安堵し、達成感もひとしおだった訳です。「地獄」の中にも「喜び」や「やりがい」は存在するのです。

いっぽう、天国側であった鹿児島では、ほとんど競合もなく成約の確率は格段に高いものでした。大阪時代とは逆で、7割以上の成約率です。最初はまぐれかと思いましたが、驚いたことに、常に勝率は下がることはありませんでした。

なぜ、そんなに売れるようになったのか？　考えてみると、理由は単純でした。既にシンケンで確立されていた価値を、お客様にも分かるようにありのまま伝えただけでした。普通と少し違っていたところは完成したばかりの家ではなく、10年以上は生活の場となっている家を題材にしていたことです。

人間は環境に順応するものだと言いますが、飛び上がらんばかりだった成約そのものの興奮は、そのうち薄れていきました。以前の興奮は勝負に勝つという性格のものだったようで、鹿児島に移ってからはそういうものは自然に無くなっていきました。

その反面だんだんと気付かされることがありました。「買ってもらったものに責任を持つ」「売り物を磨き続ける」という点において、天国側では地獄側とは比べものにならないぐらいの「不断の努力を続けねばならない」という事でした。

しかし、そういう努力を積み重ねることで、地縁血縁の全くない土地でも集客に困ることは無く、契約数も増えていきました。大阪時代の10分の1の名簿しかないのに3倍の契約が取れるのです。しかも利益率も格段に高いものでした。競合も値引きもないからです。なんとも不思議な、生まれ変わったような心持ちでした。なにしろ、他の会社には目もくれず信頼して待っていてくれる顧客に、働く時間のほとんどを注ぐことができるのです。当時は休む気になどならなかったものでした。（勿論休んでも良いのですが）

大阪時代は顧客名簿が多かったのですが、引き合いがあっても10社競合はあたりまえでした。それが、まずは5社になり、3社に絞られ、最後の2社まで残って、最後に負ける、といった具合でした。そういった時の落胆たるもの、それは酷いものでした。そして個人も、組織においてもけっこうそのダメージは後をひくのです。鹿児島移住後とは、まさに天と地です。大阪時代は「顧客の支持を得られるか否か」が、じわじわと組織と個人を破壊していく様を目の当たりにしました。

鹿児島に移住して10年ほど経ち、九州新幹線の全線開通を機に福岡県への進出を命じられました。福岡県は九州で最大の市場ですが、その時点では鹿児島県にある一工務店の知名度は皆無でした。

まずは、福岡準備室なるものができました。といっても私ひとりです。そのように名刺に刷っただけです。モデルハウスも事務所もない状態で、ひとりで顧客開拓を始めました。こういった段階では通常、先行投資をして拠点と人員を揃えて参入する会社が多いのですが、そういう前例には従いませんでした。

一見、難しそうな状況のように思われるかもしれませんが、1年後には毎月顧客宅にて完成見学会を開催できるようになりました。どうしてそのようなことが実現できたのか？そのひとつは「信用・信頼」のつくり方を鹿児島にて、いちから学んでいたからです。

本書後段では、その頃の取り組みや気づきも紹介しています。

ここでは、わかりやすく「天国」と「地獄」という例えをしましたが、誤解のないようお断りしておきます。

現実世界での工務店の「地獄」には喜びもあり、「天国」にも苦労は多くあります。ひょっとすると、苦労に関しては「天国」の方が多いのかもしれません。

実際、当事者には自分がどちらに居るのかは認識しづらいものです。おおかたの場合、比べる術がないからです。しかし、はっきりしているのは「地獄」には先がないという事です。

「販売業」と「創造業」の違いとは

企業たるものは、例外なく売上をあげなくてはいけません。そのためには、何らかの商品・サービスを販売することは必須です。しかし、販売する商品・サービスを自ら考え、磨き続けているかどうかは、はっきりと分かれるところです。

工務店経営に関して言うと、商品・サービスを自ら考え、磨き続けている者でないと、発展はおろか存続すら難しくなっていくと断言できます。市場が縮小する中では、やがてその存在価値を失ってゆくからです。

ここでは、商品・サービスを自ら考え、磨き続けている者を「創造業」、そうでない者を「販売業」と呼ぶことにします。「創造業」でも販売はすることになりますが、「販売業」では創造はしないところが最も違うところです。

また「販売業」の事業構造は「価格競争型ビジネス」であるのに対して「創造業」は「価値共感型ビジネス」である点が、大きな違いです。

両者の違いを思い知らされたのは、私が大阪時代N社に勤めていた時に、ある有望見込客の競合対策として参加したT工務店の入居宅体験会でした。私は当時注文住宅の営業担当でした。この体験会には、T工務店の見込客が集まっているものと思って参加していたのです。しかし、参加してみればそこには見学先の住まい手と同じ、既に引き渡しを受けて入居している家族が多数参加していたのです。

最初は「さくら」として動員されているのかと思いましたが、その人たちと話してみると、「私たちはもう建てちゃったんですけど、無理を言って混ぜてもらっているんです」といいます。私は思わず「どういう理由で参加されているんですか」と尋ねました。すると、「新しい家に入居してからの暮らし方や、手入れの要領などを勉強しに来ているんです」と話してくれました。このご夫婦は、30代後半の落ち着いた人たちでしたが、この場で出会う住まい手同士の交流が楽しみで、やめられないのだそうです。

私は、この時にハッキリとT工務店の売っているものが別物であることに気づきました。と、同時に10社もの競合の中で、ここは真っ先に潰しておかねば成約は勝ち取れないと思ったのです。当時の私には、目の前の成約しか頭にありませんでしたから。

実際にその有望見込客が契約する候補から、T工務店は最初に姿を消しました。私がそうなるように仕向けたのです。競合排除の技術ばかりを磨いていましたので、戦う相手をある程度はコントロールできたのです。その頃は完全に「販売業」をやっていた訳です。

さらに数週間の間、徐々に競合他社は脱落していき、最後には大手ハウスメーカーS社との一騎打ちの後に成約となりました。その時点で粗利益は見積もり当初の半分以下になっていました。完全に「泥仕合」です。契約後に事務所で待っている営業部長に電話すると、大幅値引きの契約にも拘わらず電話口から大勢の歓喜の拍手を贈ってくれました。10社競合の中から最後はトップメーカーを破って勝利したことに賛辞の言葉をもらいました。

数ヶ月後、その住まいは完成しN社と私の代表作となりました。プロのカメラマンに依頼してバッチリ完成写真も撮ってもらい、入居後にはその家に招いていただき夕食をご馳走になりました。営業担当者としてはこの上ない喜びを味わえる瞬間です。

しかし、実際にはなんとも晴れない気分でした。その有望見込客の成約を得ながらも「自分なら、絶対T工務店で建てただろう」と思っていたからです。「競合会社として真っ先に選択肢から排除しておいて、どの口でそのようなことを言っているのか」と言われそうですが、それが正直な気持ちだったのです。「吉岡君は本当頑張ってくれたから遠慮なく食べて食べて」と、ご主人もご機嫌です。それなのに、ご用意いただいた奥様の手料理も、お施主様の笑顔も、自分にとっては辛いものになっていました。

実はその夜のことは、ほとんど記憶にないほど印象が薄いのです。「私が関わったことで住まい選びを間違わせてしまった」との思いが強まっていたからでしょう。このままでは、私が頑張れば頑張るほど選択を誤るお客様が増えることになります。「自分が欲しくないものでも売るのがプロの営業なのだ」と言い聞かせてみても、どうにも割り切れません。

ぼくとつとされていましたが、自ら住みたいと思う住宅の提供に取り組むT社長の姿勢と、T工務店を囲む人たちに惹かれ続けていたのです。それまでは意識していませんでしたが、自らの「販売業」としての姿勢と「創造業」との違いを感じた最初の経験でした。

その後もT工務店のことが気になり、同様の取り組みを行っている全国の工務店の研究を始めました。まとまった休みが取れる際には家族を連れて、あちらこちらに見学に訪れるようになりました。

訪問先の工務店経営者の面々とも交流が始まり、話しているうちに妻の帰省先であった鹿児島に、彼らが揃って目標にするという教祖的工務店が存在することを知ったのです。それが（株）シンケンだったのです。その3年後、鹿児島にIターン転職し、その後同社で20年近くお世話になることになったのです。

御社はどちらを目指すのか？

ここで「創造業」と「販売業」の構図を整理しておきます。大阪で「販売業」鹿児島で「創造業」と、私が体験してきた肌感覚を図にしたものです。

縦軸は「顧客が他社との違いを認識しているかどうか」で、上段は「認識している」、下段は「認識していない」と分けています。「他社との違い」とは、「一般的には見かけない御社独自の特徴」をイメージしていただくと良いでしょう。

また、横軸は「会社への信頼の有無」で、左側は「信頼を獲得していない」、右側は「信頼を獲得している」です。この場合の「信頼」は、「絶大な信頼」といった特別なレベルをイメージしていただくと、ゾーンの区別がしやすくなると思います。

ＡＢＣＤの４つのゾーンに別れていますが、ゾーンごとに例を挙げると、次のようなものになります。

Ａゾーン↓競合・値引きのない「指名受注」が見込める本来の「見込客」

Ｂゾーン↓他社にはない価値を求めているが、御社を知らない「潜在客」

Ｃゾーン↓御社を知っているが、他社との違いには気づいていない「潜在客」

Ｄゾーン↓御社のことも、他社にはない価値の存在も知らない「一般客」

「創造業」と「販売業」の構図

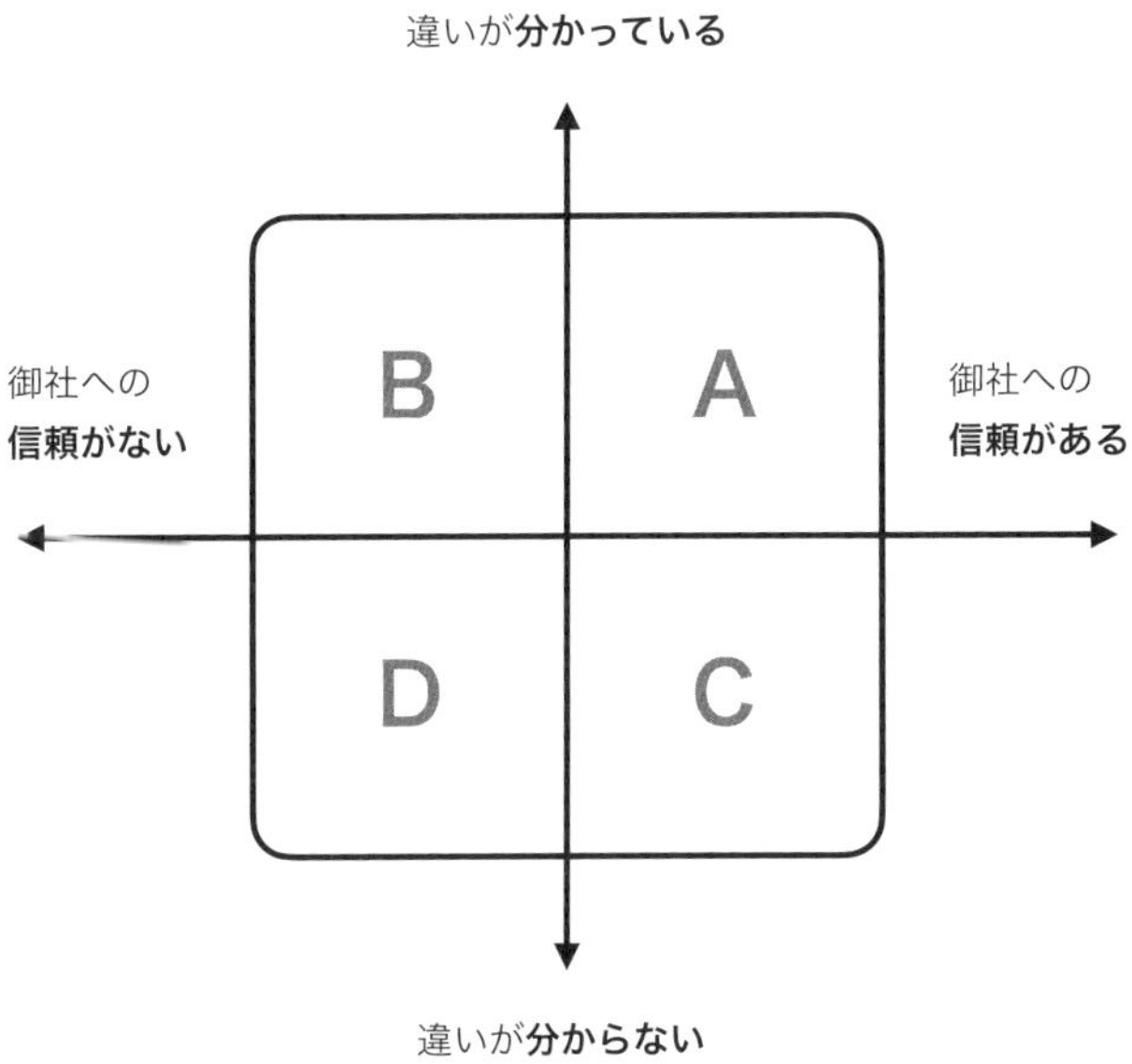

Aゾーン → 競合・値引きのない「指名受注」が見込める本来の「見込客」

Bゾーン → 他社にはない価値を求めているが、御社を知らない「潜在客」

Cゾーン → 御社を知っているが、他社との違いには気づいていない「潜在客」

Dゾーン → 御社のことも、他社にはない価値の存在も知らない「一般客」

大阪のN社時代は顧客名簿は多かったのですが、引き合いがあっても10社競合はあたりまえだったという話をしました。その「引き合い」は、モデルハウスへの直接来場客でも確率は20分の1ぐらいのものでした。20組接客してようやく1組の「引き合い」（具体的には現地調査のアポイント）が取れるという感じです。

総合展示場ゲートでのアンケートリストからでは、その10分の1ぐらいの確率でした。200組アプローチして1組というオーダーです。これなら、建て替え時期の到来した団地でのローラー作戦、いわゆる「ピンポン営業」と変わらないぐらいです。

色々と工夫はしてみるのですが、どうしても確率は上がりませんでした。振り返って考えてみると、当時の私の対象顧客は左の図中でいうDゾーンの人ばかりです。あの手この手で何とかかりそめの「信頼」を得るのですが、どうしても「他社との決定的な違い」はアピールできません。

「ないものはどうしようもない」ので「スピード」勝負になったり「値引き」クロージングになったりするのです。最終的に2～3社に絞られると、どこの営業マンも競合他社のプランで見積もりをしたりしていましたので、自ら価格勝負に突入しているようなものです。図中のA・Bゾーンには縁遠いままにDゾーンからCゾーンに移行、めでたく成約になったとしても利幅の小さい契約を獲得するというてんまつを迎える訳です。

「販売業」（価格競争型ビジネス）の構図
〜大阪N社当時の契約〜

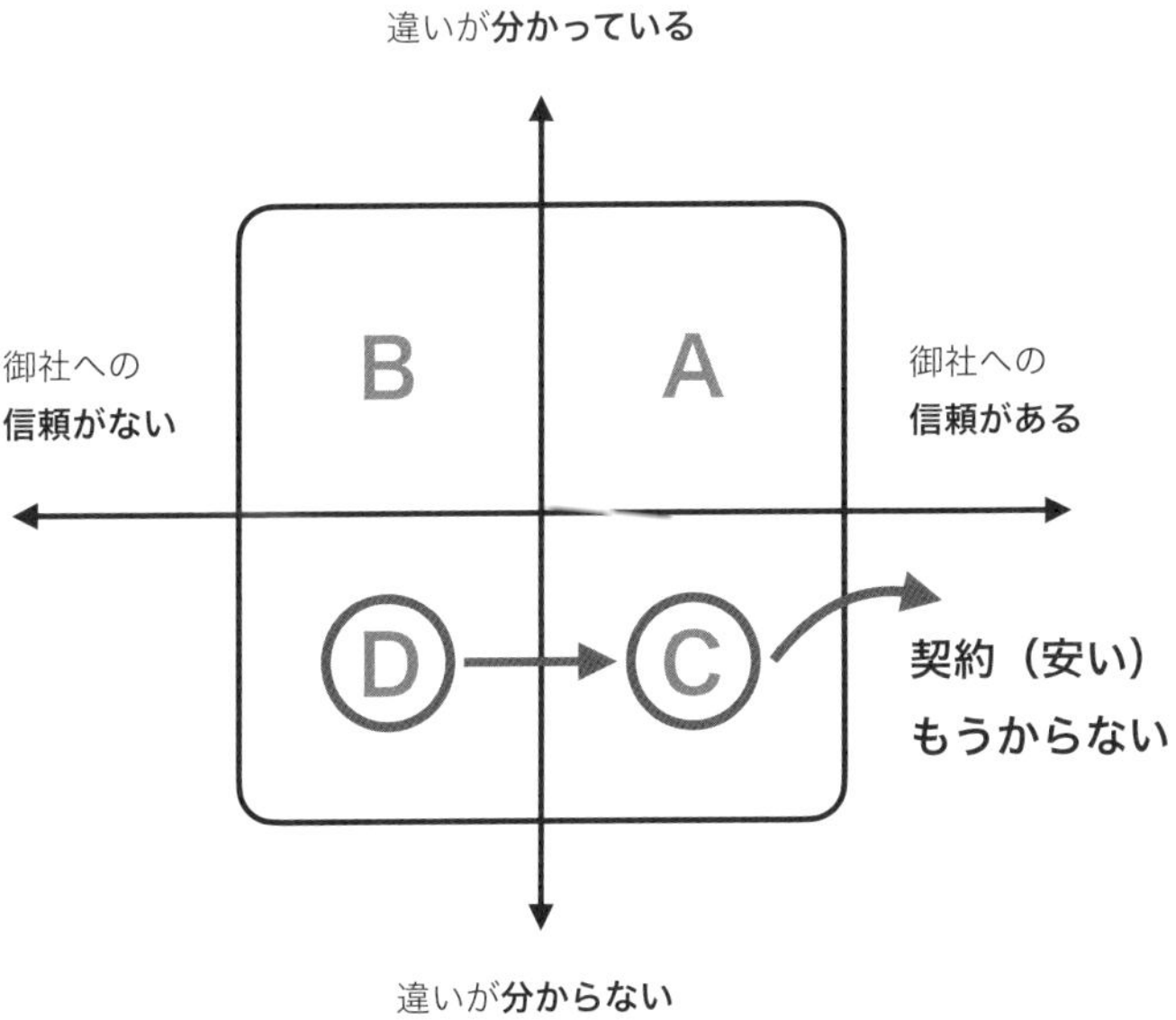

Aゾーン → 競合・値引きのない「指名受注」が見込める本来の「見込客」
Bゾーン → 他社にはない価値を求めているが、御社を知らない「潜在客」
Cゾーン → 御社を知っているが、他社との違いには気づいていない「潜在客」
Dゾーン → 御社のことも、他社にはない価値の存在も知らない「一般客」

©家づくりの玉手箱

鹿児島に移ってからは、競合もほぼなく成約の確率は7割以上だったという話をしました。事実上、具体的に依頼のあった案件のみ対応するだけでも休めないぐらいでした。

依頼のある顧客は「元々既存の家に気に入ったものがなく、Bゾーンからシンケンを知ってAゾーンに」というパターン、「口コミでシンケンの評判を知っていて実際の家を見学、CゾーンからAゾーンに」というパターンのいずれかでした。

したがって、Dゾーンの顧客を追いかけるということはなかった訳です。具体的なサポートは「DゾーンからBゾーンなりCゾーンに入ってもらってから」というのが通例でした。より多くの顧客にAゾーンに入ってもらうために、実際に住んでいる住まいを見学したり、その生活環境に触れる機会を提供して、本来の「見込客」をつくり育てる活動をしていた訳です。これは「売り込む」というより「機会を提供する」という感覚でした。

名簿の数は大阪N社時代よりもずっと少ないのですが、連絡を取り合ったり接点を持ち続けている顧客数は結果としてずっと多かったのです。当時はメールやSNSではなく電話（それも固定電話）での連絡が主でしたので、夕方以降は事務所の机で遅くまでずっと電話で話しているような毎日でした。内容も「勧誘」ではなく「疑問に答える」もしくは「機会を提供する」というものでしたから、断られるストレスはありませんでした。

結果としてAゾーンからの依頼ばかりということになります。

「創造業」（価値共感型ビジネス）の構図
～シンケン当時の契約～

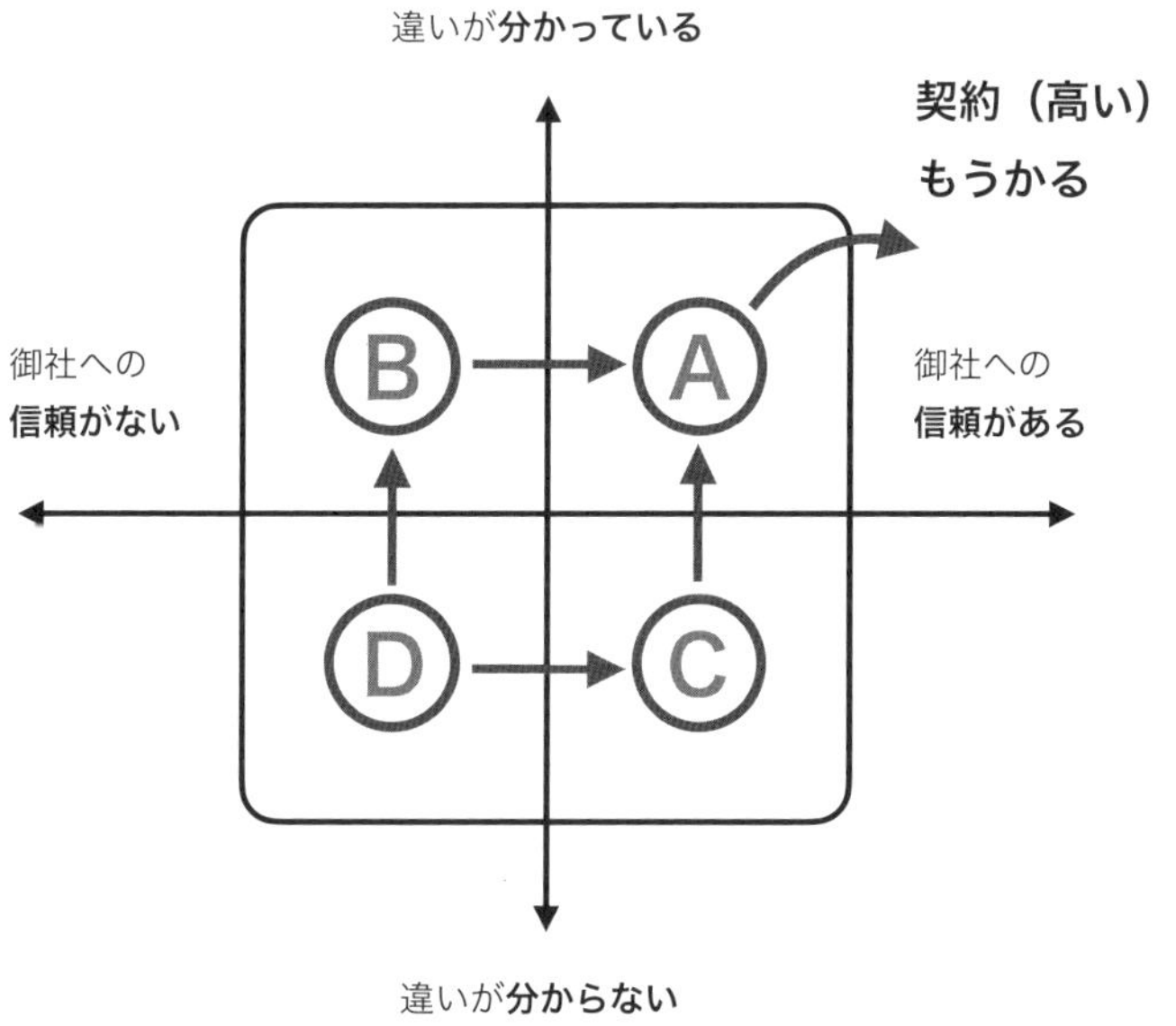

Aゾーン → 競合・値引きのない「指名受注」が見込める本来の「見込客」
Bゾーン → 他社にはない価値を求めているが、御社を知らない「潜在客」
Cゾーン → 御社を知っているが、他社との違いには気づいていない「潜在客」
Dゾーン → 御社のことも、他社にはない価値の存在も知らない「一般客」

「地獄」と「天国」で合わせて30年を過ごすうちに、同じ事業を営んでいても天も地もあることを知りました。

その過程で、どうすれば「天国」に向かえるのか？　どうすれば「天国」にふさわしい仕事をすることができるのか？　そして、どうすればそれを関係する皆の喜びとできるのか？　といったことを実戦の中で体に染み込ませてきました。

「天国」と「地獄」の両方の環境で過ごしてきた事で「何」が違うのか？「何」がいちばん影響しているのか？　を肌で感じることができたのです。

鹿児島のシンケンに入社後はしばらくは戸惑うことばかりで「天国」も楽じゃないなと思うことばかりでしたが、次第に「天国」での「ルール」のようなものが見えてきました。

つまり一定の法則に従えば「地獄」の住人も「天国」でやっていけるということです。

本書では、その中でも最も重要なポイントに絞って示してあります。

第1章

工務店の社長がいちばん聞きたい話

独自の『シンボルハウス戦略』の確立が会社にもたらすもの

シンケン視察ツアーのこまった「見学者」たち

鹿児島で新築住宅の営業をしていた頃、全国の工務店関係者が自宅に見学に来られることが度々ありました。多人数の時は大型バスを2台連ねての団体で、近所の人たちも何事か？と窓から見回すほどでした。そうです。セミナーと実邸見学がセットになった「シンケン視察ツアー」です。

参加されている工務店関係者の大半は全国の工務店の社長です。単独で参加の方が多数でしたが、幹部とともに参加している熱心な社長もいました。中には協力会社の担当者を引き連れてきている人もいて、その姿勢にはなんとも驚きました。

当時はＴＰＰならぬＴＴＰというのが工務店界隈では流行していました。ＴＰＰは「環太平洋パートナーシップ」の英語略ですが、ＴＴＰは「徹底的にパクる」のローマ字略です。イカつい工務店社長と協力業者さんが差し金を持って、ズカズカと見学にやってくる姿には恐怖すら感じました。パクる気満々です。そのくらい、当時のＴＴＰ熱はすごかったのです。

自宅の見学時間は30分程度です。日中、バス移動で数カ所を見てまわり、夕刻には懇親会が控えています。視察ツアーはハードスケジュールです。

見学の工務店関係者たちは、到着するやいなや一斉にカメラのシャッターをパシャパシャ押し始めます。まるでカメラマンが集まる撮影会のようです。すごい人は、見学時間の大半をファインダー越しで見ていた人もいました。せっかく鹿児島まで来たのに、極上のいごこちを感じる間もなく帰られたことでしょう。

自宅での対応は妻と私が別れて対応します。外部と1階は私、キッチンのある2階は妻という分担です。短い時間ですが、可能な限り住まい手としての視点で説明をしようとしますが、そこに興味を示す人はほとんどいませんでした。

妻に「この材料はどうやって固定してあるのか？」とか「この窓の単価はいくらか？」などを尋ねる人がいたかと思うと、建築基準法に関する質問をする人までいて、妻曰く「あの人たちはもう御免！　もう来なくていいと思う」とバッサリでした。

15分ぐらいで家の外に出ていってタバコをフカしている一団がいたり、ベルコニーやデッキに出たまま大きな声で電話している人たちもいたりで、「わざわざ来ても、あれでは何も学べない」と言うのです。日頃から、私以外の営業担当者の見込客の見学対応もしていて、自宅に関しては私以上に案内慣れしている妻の言葉です。鋭い洞察です。

私も同感でしたが、同業であってもいちおう「お客様」なので、毎回妻をなだめるのが大変でした。

見学が終わったら、懇親会です。数名のシンケンスタッフが参加して交流しますが、いまひとつ家づくりの話で盛り上がる気配はありません。勉強熱心？な参加者どうし顔見知りも多いようで、お酒が入った社長さんたちは小集団になって大騒ぎです。日頃のうさを晴らしに飲み会めがけて来ているようです。

「いつぶりですかね？ 社長」「先週も飲みましたよね？」みたいなノリで、毎週のようにどこかの勉強会で飲み歩いている社長も多いようでした。楽しそうです。

いい感じでガソリン補給した面々は、二次会へと移っていきます。参加者は出張お泊まりなので、帰りの時間は気にしなくてもＯＫです。なので、まだまだ大人数です。

お店のテーブルは、ボトルがどんどん並び、さらに仲良しグループで固まっていきます。そして、お腹もいっぱいになって3次会に。軽いおつまみとワインやウイスキーで仕上げです。ホスト工務店である、シンケンの迫社長もいっしょです。

ふと迫社長が、ある視察ツアー常連の工務店の幹部に尋ねます。

迫社長「キミは、何回鹿児島に見に来たの？」

常連工務店の幹部「6回目ぐらいですかね」ちょっと恥ずかしそうに答えます。

すかさず迫社長「いい家が出来るようになりましたか？」

常連工務店の幹部「いやー。それがぜんぜんでして」

「いつも見せてもらった直後はがんばろう！って思うんですけど」

と、正直なコメントです。

さらに迫社長「6回見に来ても出来ないんだったら、もう来なくてもいいんじゃない？」

常連工務店の幹部「まいったなー」

頭をかきながら、ぐいっとグラスを飲み干します。

どうやら迫社長も妻と同じ意見のようです。他の工務店社長は酔っ払って聞こえないふりをされていましたが、みんな横目で見ていたのが忘れられません。


しばらくして迫社長が別のテーブルに移動しました。その常連工務店の幹部は洋酒のロックをぐいぐいやってから、さらに続けました。

「鹿児島に来るたびに刺激をいただいて『すごいなー。こんな家づくりがしたいなー。よしがんばろう！』と心に誓って帰るのですが、食えちゃうんですよねー　そこまでしなくても…」

「地元に帰ると、つい忘れちゃうんですよ」

これには、相当な衝撃を受けました。かなりの酒量と出張中の開放感からか、本質をついた「本音」に目が覚める思いでした。

そう言われてみれば…大阪にいる時はそうだったな…。自分にも重なるものがあったからです。

その後もその方は、いろいろなお話をしてくださったのですが、「もうける、かせぐことが目的であればあるほど、マーケット（市場）が〝豊か〟であればあるほど、競合が激しければ激しいほど、お金を払ってくださるお客様に酬いる仕事をするということが難しくなる」と言われるのです。これはひとつの真理かもしれない…と、そのときの私は感じた訳です。

市場が厳しいと仕事が丁寧で、市場が豊かだとお手抜きだということは、必ずしも当たらないと思います。しかし、お客様に報いる志があっても、ついつい競争やまわりの空気に影響されて「忘れてしまう…」という傾向は確かにあると思ったのです。

顧客や提供するものの「質」への意識があったとしても、経営者の目的が「稼ぐこと」だと社員は目先の利益には抗えなくなるのです。

常連工務店の幹部はかなりの酒量に助けられ、そのことを語ってくれたのです。

「ドリル」と「穴」のはなし

工務店の商品は何ですか？　と聞かれると、ほとんどの社長がそれぞれの工夫を凝らした「建物」だと回答されます。間違いではないと思いますが、これからの時代の経営者の認識としては正解とは言えないでしょう。

「昨年、1／4インチ口径のドリルが100万個売れたのは、人びとが1／4インチのドリルを欲しかったからではない。1／4インチの穴が欲しかったのである」

これは、セオドア・レビット氏が、著書『マーケティング発想法』（1971年／原著は1968年出版）の中で紹介した有名な言葉で、ご存知の方も多いと思います。とても単純ですが、言い得て妙な表現です。

これは、事業者が顧客の求めている価値の本質「目的」ではなく、その「手段」である商品やサービスそのものに視点が集中してしまう事への警鐘でもあります。

では、工務店の場合はどうでしょう。提供している住宅や建物は「ドリル」にあたらないでしょうか。改めてここで考えてみていただきたいのです。工務店の事業における「穴」にあたるものは何なのでしょうか？

こういうことを深く考えたことのない社長が、工務店経営者には実に多いのです。

ハウスメーカーと呼ばれていた大手企業から発せられるプロモーション、行政が打ち出す施策、それらを反復・増幅するメディアによって、「売れるもの」としての「ドリル」を刷り込まれてしまうからです。日頃から常に「穴」のこと考えている社長でないと、世の中の空気にすっかり酔わされてしまうのです。

しかし、賢明な経営者であれば、顧客の欲しい「穴（価値）」を明快に理解せずに「ドリル（手段）」の販売にあたることが、いかに危険であるかにもう気づかれたのではないかと思います。

顧客が本当に欲しているものは、「ドリルと穴」の比喩のとおり「穴」なのです。

では、どうして穴（価値）を明快に理解していないのに、ドリル（手段）が売れてしまうのでしょうか？

それは、顧客自身も気づいていないからです。どのような「穴（価値）」が欲しいのかが分かっていないのです。しかも、厄介なことに殆どの場合でそうなのです。

特に住宅産業においては高額商品ばかりです。リピート購入機会が少ないということもあって、顧客が購入前にそういった本質に思い至らない傾向が強いのです。

確かに、同じ人が一生のうちに住宅を複数回購入することは少ないかもしれません。おそらく今後も増えていくことはないでしょう。

だから「寝た子を起こすことはないじゃないか」という考え方の社長も多いのです。

実は、ここに勝機が眠っているのです。

住まい手の「穴（価値）」を先取りして提案し、成約となった住宅の波及力たるものは理屈を超えたものがあります。それは、人間の本質的な欲求や喜びに繋がっているからです。また、そのような住まいには、時間の経過とともに居心地や機能性を増していくという考え方がよく馴染みます。

時間の経過を味方につけた住宅は、古いほどに発信力を高めていく傾向にあり、結果的に住まい手の評価は使用期間の総和となっていきます。この点では、大多数の一般的な住宅とは正反対であると言えます。大阪で過ごした頃（地獄）と、鹿児島に移ってから（天国）の違いはまさにこの点でした。

時を経るほどに、単に引き渡し（資金回収）をゴールに取り組まれた家とは評価が分かれ、そのうち雲泥の差になっていくことは言うまでもありません。経営者がそれを意識できるか否かはとても大切なことです。

目先のことにとらわれてしまうと、工務店の商品は「ドリル（建物）」になってしまい、結果として厳しい比較と競争の世界に埋没してしまうからです。

『シンボルハウス』と呼べるもの

読者諸兄姉は、様々なマーケティング関連の記事やビジネス書で「独自性」という言葉を目にされていると思います。これまでお会いした中でも「独自性」を強調される社長には多数お会いしてきました。

しかし、「独自性」を手に入れるためにFC（フランチャイズチェーン）やVC（ボランタリーチェーン）に加盟し、これまで培ってきた「独自性」を失う、といった笑えない事例も多く見かけました。

「独自性」とは「その人・物事にのみ備わっている、他と異なる固有の性質」のことです。

FCやVCにて買える商品やノウハウは、対価をもって誰でも買えるものです。そういうものは往々にして多く販売されるほどに価値を失います。そのような性質のものに、価値が維持されると思うほうがどうかしています。いくらエリア制をとっていても同じことです。切羽詰まると、現状から手っ取り早く抜け出したい社長の多くが同じ選択をしてしまうのです。用意された各エリアは、じきに満杯となります。

お年寄りが「終活」でかえって不安が増してしまい、せっかく受給した年金でたくさんの保険に入ってしまうのと同じようなものです。言いようもない不安がそうさせるのです。（ビジネスとしてそこを狙って勧誘してくる人たちも大勢います）

「独自性」そのものは、「創造業」の必要条件であっても十分条件ではありません。顧客がどうしても欲しくなるぐらいのものでないといけないからです。

そういう、顧客が欲しくなる「独自性」を持った住宅を、私は『シンボルハウス』と表現しています。さらにいうと『シンボルハウス』とは「住まい手としての価値観で作られる家」であると同時に、工務店の商品戦略の核となるべき考え方でもあります。

また、そのクオリティは「プロが白分の家を建てるレベルの住まい」でないといけません。何も難しく考えることはないのです。プロが生活者として「本気」で建てればよいのです。決して、凝りに凝ったもの、複雑なものを指しているのではありません。

それは、時間の経過とともに「完成後の暮らしの実践や時間経過の体験を発することの出来る家」として、工務店の事業価値を語る源泉となっていきます。プロが本気で自分の家を建てるのなら、そうなるはずです。これにより、顧客が欲しくなる「独自性」＝最強の武器を手にすることとなるのです。プロのくせに自分が欲しくもない家を提案している時点でダメなのです。

顧客が欲しくなるということは重要な要件ですが、具体的に「どういう人が欲しくなるものか」はもっと重要です。にもかかわらず、多くの工務店ではそこにまったく注意が向いていません。身の回りに見える顧客像と、メディアで報じられる顧客像以外には思いが及ばないのです。いわゆる「顕在客」です。

往々にして、本当の顧客は自らの意識の及ばないところに存在するものです。いわゆる「潜在客」です。なのに、そこまで手を伸ばせていないだけなです。自ら「変化」を仕掛けて顧客を創造するための接点になるものが、『シンボルハウス』です。

ＦＣやＶＣにおける「規格住宅」は、運営会社が工務店からの収益獲得を目的として考えられたものです。「ドリル」のための「ドリル」みたいなものです。それほど「穴」は意識されていません。その「規格住宅」をもって市場に向かい、安易に増収増益を目論むことに私が賛成できない理由が、これで分かっていただけたと思います。そのような取り組みが、顧客から強く支持されることはこの先ありません。

住宅事業は斜陽産業とされています。それをどうにかしようと「生涯顧客化」などと言って都合の良い「顧客の囲い込み」を算段する様は、いつか来た道、いつか見た夢です。実現の可能性はまずないと言っていいのです。

住宅市場は、数の上での減少傾向がはっきりしています。しかし、安心して欲しいのです。わが国の住宅市場では、生活価値という質の面においてほとんどと言っていいほど、満たされていないのが実態だからです。懸命な経営者は、事業機会がまだまだ多く残されているという捉えかたをすべきです。

「鬼」が「金棒」を手にするとき

私が出会った工務店経営者の多くは市場に敏感な方々でした。勉強熱心であり情報収集にも余念がない。

そして、次のような順で本人の思考が流れているのが見てとれました。

顕在客の要望・指向→対応策→売れる商品→会社の在り方→社長の価値観

おそらく、一般的にこちらが多数派でしょう。先に述べた「販売業」に属する面々はほぼこちらのほうです。しかし、これは明らかに「ドリル屋さん」の思考です。

「穴屋さん」であれば、次のような順になるはずです。

「穴」とは何なのか?→社長の価値観→会社の在り方→売るべき商品→潜在客の気づき

「創造業」として地に足のついた経営者はこちらの思考です。なぜなら、本当は「穴」が欲しいということを、最初から認識しているお客様はほとんどいないからです。

「穴」が欲しいことに気づかず「ドリル」を物色しているお客様に、最高の「穴」とはどのようなものか？を提示するのが「穴屋さん」本来の家業であり、「創造業」たる所以です。新しい価値としての「穴」を創造しているのです。

そして、潜在客に価値ある「穴」の存在に対する気づきを得てもらえるよう、事業活動を組み立てていきます。

私が（株）シンケンに入社して間もない頃のことです。

当時の同社モデルハウスは、集成材と構造用合板を内装現しで使用したシステム住宅でした。システム住宅とは、一定の自由度を持った規格住宅への取り組みで、当時としては新しいものでした。

しかし、その内観は「木造打ちっ放し」と呼ばれていて、当時としてはあまりに斬新すぎました。そして、お世辞にも評判がいいとは言えませんでした。黒い接着剤の縞模様が目立つ集成材の柱と梁が室内に見えていて、壁もカラ松を桂むきにして重ね合わせた構造用合板のままでした。合板を固定する釘の頭も光っています。

完成後、時間が経過すると、飴色に焼けてくるのですが、ビニールクロスばかりの他社のモデルハウスに比べ、暗い印象を持たせる建物でした。

数時間に一度、ようやく入って来られるお客様も「倉庫みたい…」とか「これで完成ですか？」といった言葉を発し、玄関口で靴を脱がずに回れ右をして帰っていったものです。そういうお客様の反応を見て、「全てを捨てて鹿児島にやってきたけど、これはぜんぜん売れないかもしれない」と血の気が引いていったのを覚えています。

しかしながら、たまに面白がって上がり込んでくれる人もいました。来場が少ないので、そういうお客様がいらした際には貸切りです。お茶をお出ししてダイニングに座っていただきます。不思議なもので、そういったお客様は座り込んだらそこで2〜3時間ということがざらにありました。そして、このように言われるのです。

「家に帰りたくないです。ここに暮らしたい。」

それは、なぜだと思われるでしょうか？

決して私の接客技術のたまものではなかったことは確かです。当時は入社して間もなく、満足に説明もできなかったからです。

理由は、ゆっくり身を置いてみて初めて分かる、得難い居心地があったからです。ふとモデルハウスに入ってしまい「気がついたら2時間も3時間も経っていた」という不思議な体験が来訪者に、本来欲していた「穴」を気づかせるのでした。

そのようなお客様は決まって言われるのでした。

「わっ。もうこんな時間。こんなにお邪魔してしまったんですね。すみません」

『シンボルハウス』は時として、そのような「竜宮城」みたいな力を持つのです。「販売業」の思考ではちょっと理解できない出来事でした。ついこの間まで「販売業」に勤しんでいたのですから無理もありません。でも、このことはすぐに分かりました。

「苦戦するのは他社のほうだ」

引き止めなくても3時間も帰らないお客様の反応を見てそう思ったのです。

考えてみれば、「販売業」の面々はみんな似たり寄ったりです。苦戦するのは当然です。同じ情報に触れ、同じような工夫をして、似たような商品を勧めるのだから、当然です。だから、広告内容や販売アプローチまでそっくりになるのです。

そしてこのモデルハウス、もう一つ決定的な違いがありました。建物が、上手にお客様を選んでいるのです。

懸命な経営者諸兄姉なら気がつかれたかと思いますが、少ない見込客であっても、競合もなく決定率が高ければ最高に営業効率はいいのです。結果として、会社業績もよくなります。一見厄介そうなこのモデルハウスを建てたことで、シンケンという「鬼」が「金棒」を持ったのです。

私が「創造業」として経営されることをお勧めするのは、以上のような経験からです。私なら、二度と「販売業」などやりはしない。選択は明快です。

「販売業」で散々な目に遭い、その後長い間「創造業」で学び実践をして、つくづくそう思うからです。

今では懐かしいその建物は、少しばかり形を変えて鹿児島県内に建っています。モデルハウスを引退して、お客様宅としてです。現在の住まい手は、私の見込客であったご家族です。２３０組あまりもの応募の中から見事当選されました。

新しいモデルハウスの建築を機に「建物本体は差し上げます」という趣向で希望者を募集、当選者の敷地に移築をしたのでした。こういった「モデルハウス差し上げます」といったイベントは、鉄骨系ユニット型プレハブメーカーが得意ですが、木造住宅を専門とする地元工務店ではめずらしい事でした。また、一般的には不人気であった集成材と接合金物を使った工法の精度たるものを世に示す良い機会となりました。

シンケンは「創造業」として実に徹底していました。通常、この手のイベントではモデルハウスをその間取りのまま移築するのが通例ですが、プランを変えてしまったのです。当然のことながら、新たな設計作業や追加の使用部材も必要になりますが、「穴」の追求には新築も移築も区別しないのが同社の一貫した価値観でした。

「モデルハウス差し上げます」イベントにおいても「ドリル」ではなく「穴」を提供す

るために、移築先の環境に馴染むようなプランの提案を行なった訳です。「作るのは一時、住むのは一生」というのが、暗黙のスローガンでした。「住むための価値創造のためには、作る労はいとわない」という覚悟を表したものです。

この建物は、モデルハウス時代には『シンボルハウス』と呼ぶにふさわしいものでした。そして、その後個人宅となって以降もなお、『シンボルハウス』であり続けているのです。

よそ者の集団が『指名受注の導線』を完成させるまで

福岡進出の意外な成功要因

「シンケンで自宅を建てて、そこで生活をしながらお客様にシンケンの家を勧める」ということは、私が入社する前から社長をはじめ数名の幹部社員が実践をしていました。大阪で自分が欲しくもない家を売ることにウンザリしていた私は、それこそが理想形だと思いました。正直なところ、もうこれ以上ウソはつきたくなかったのです。

入社した時点で子供たちは小学校4年生と1年生でしたから、すぐにでも建てたかったのです。鹿児島の子供たちの多くは高校を卒業すると県外に進学します。そう考えると、一緒に住める時間は限られるからです。

鹿児島に家族で移住する際「素敵な木の家に暮らすこと」が家族との約束でした。実は、私以外は全員引っ越すことに乗り気ではありませんでしたので「公約」が必要だったのです。

自分の住みたい家に住みながら、そういった家をお客様に勧める仕事は私自身の夢でもありました。そのために鹿児島に移っていったと言ってもいいぐらいです。

そういう意味では「鹿児島のシンケンで家を建てて住む」ということは、自分との約束でもあったのです。

　鹿児島に移ってから10年目を迎える頃、福岡進出を任されました。それまで鹿児島県内に限定していた事業エリアを飛び地で拡大することにしたのです。九州新幹線の全線開通を控えていましたので、それに合わせて受注を開始することになっていました。

　ちょうどその頃、シンケンの自宅での生活を一冊の本『家づくりの玉手箱』にして出版した直後でした。その本は１８０ページあまりの分厚いものですが、掲載されている家は私の自宅一軒だけ、まるまる一冊吉岡邸の本というものでした。自宅を新築してからの約８年間の生活をまとめた内容です。とはいうものの、最初から家を建てたら本にしようなどと思っていたわけではありません。経緯は偶然の成り行きで、このような流れでした。


　シンケンに入社を許された私は2年後には会社で自宅を新築してもらい、家族と住み始めました。始めは、仕事を終えてモデルハウスから帰宅する先が、またモデルハウスといった感じがして家にいても落ち着かなかったものですが、お客様と話す際には自宅での最新の暮らしぶりを写真を見てもらいながら話す毎日でした。

　そのうちそれが評判になり、他の営業担当のお客様も興味を示されるようになりました。そこで、会社のＷＥＢサイトに自宅ネタをブログ形式で毎週掲載することにしたのです。

そうすれば、いつでもどこでも他の営業担当者も使えますし、カンペ代わりにもなると考えたのです。

数ヶ月後、ブログ記事もだいぶ増えてきたのでアクセス数の多い内容を知りたいと思って、アクセス解析をしてもらいました。すると、広報室スタッフが不思議なことを発見したのです。ブログ記事は毎週金曜日に公開していたのですが、なぜか毎回月曜日のお昼休みの時間帯にアクセスが集中していたのです。私自身はピンと来ていませんでした。

「はて。なんでやろう？」

すると、広報スタッフのひとりがすかさず、

「お昼休みに職場のパソコンで見ているのでは？」

なるほど。さっそく担当している見込客数人に、毎週いつ、どこでブログ記事を見ているのかを尋ねてみました。すると、ビンゴでした。

「お昼休みに職場のパソコンでこっそり見てます」

というのです。そして、奥様たちはというと、

「主人に、職場で見た吉岡さんのブログをプリントアウトして持って帰ってもらって、それを見せてもらってます」

といった声もちらほらありました。

当時、鹿児島ではスマホの普及もこれからという段階でしたし、自宅にパソコンがある家庭もまだまだ少数派でした。何よりも、いちばん見て欲しかった奥様たちにいまひとつ見てもらえていないという現実が気になりました。

ある日、そういう現状を広報室のミーティングで迫社長に話したところ、

「それなら本にすればいい。本にしよう」

鶴の一声で、書籍化が決まったのです。

福岡でのプレセールスにはこの本が大いに役立ちました。社員宅の8年間の生活を最初のアプローチにする工務店など、どこにも無かったからです。通常、工務店が新しいエリアに営業展開する場合、まずはモデルハウスや事務所を作ろうとします。当然ですが、それだけでも多大な投資額になります。そんなことをするから、最初からから高いノルマを課さないといけなくなるのです。高いノルマはスタッフみんなをあっという間に「ドリル」屋さんにしてしまいます。私の場合は、この本があったおかげで「ドリル」ではなく「穴」の話からスタートすることができた訳です。

本にするためのコストもそれなりにかかる訳ですが、モデルハウスや事務所といったものに比べると比較にならないほど小さい。モデルハウスや事務所はイニシャルコストもさることながら、持った途端にランニングコストが固定費となってしまうからです。

野球ボールの「芯」をつくる

読者諸兄姉は、野球の硬式ボールの製作過程をご覧になられたことがあるでしょうか。外側は牛革、その中には綿糸、さらに中は羊毛糸が巻いてあって、赤ゴム、黒ゴム、いちばん中心にはコルク芯が使われています。現在ではコルク＋ゴムのところまでは球形に整形されていますが、１９５０年頃まではコルク芯のまわりのゴムも板状のものを巻きつけてあったそうです。現在ではかなりの部分が機械化されていますが、当時まんまるのボールをつくるのには卓越した職人技が必要だったはずです。

話がちょっと脱線したのは、例え話をしたかったからです。

福岡進出の際、最初の仕事は野球の硬式ボールで言う「芯」をつくることでした。知名度のない新たなエリアで事業を始める場合、最初のお客様はとても大切な存在だからです。もちろんお客様はどなたも大切な存在ですが、新規事業の最初のお客様は「創造業」の事業立ち上げでは特別な性格を持つのです。

なぜなら、最初のお客様にいかに「穴」を理解していただいているかで、その先の顧客層が大きく変わり得るからです。「販売業」においては、このあたりはそれほど重要視されることはないでしょう。

「販売業」では、来ていただいた順にどんどん売り込むのが定石かもしれません。何しろ、進出するにあたってモデルルームや事務所など、既に多くの投資をしてしまっているので、早く多く回収しなくてはならないからです。

「創造業」の事業立ち上げでは、先々を考えるとそのような手法はあまり得策ではないのです。事業立ち上げ初期のお客様は、野球の硬式ボールでいうコルク芯のようなものなのです。「芯」がちゃんと出来ていないと、その先の工程でいくら上手に糸を巻いても良いボールにはならないところがよく似ています。

「創造業」においても先行投資はもちろん必要ですが、目先の売り上げや投資の回収よりも大切なことがはっきりしているのです。それは、新しい顧客に必ず「穴」の価値を共有してもらうことです。シンケンの福岡進出において私に任されたのは「顧客を集めること」ではなく「顧客をつくること」だったと言えます。

鹿児島ではその仕事をモデルハウスやシンケンブランドそのものが行っていましたが、新たなエリアである福岡では自らその仕事をしないといけなくなった訳です。

まず、福岡のお客様向けの特設サイトを立ち上げ、メールニュース配信を始めました。内容は土地の見たての様子や第一号の新築現場の進捗レポートです。第一号の現場は土地の見たてがいかに大切かを語るのにふさわしいものでした。実は、ふさわしい案件と出会うまで第一号契約をしなかったといったほうが正しい。グッと痩せがまんをした訳です。

その甲斐あって、メールニュースの登録は順調に増えていきました。開通したばかりの新幹線に乗って、週に何回も鹿児島と福岡を往復しながら見込客の土地見たてと建築中現場の取材を重ねました。鹿児島中央行きの終電車で寝こけていて、駅員さんに起こされることもしょっちゅうでした。

そうして旅費がかさみ、経理担当者からは「経費の使い過ぎ」と揶揄されましたが、私自身は気にしていませんでした。モデルハウスや事務所を持っていたら初期投資と固定費で、こんなものでは済まないからです。それに比べれば私の出張経費はかわいいものですし、引き合いがあって出向いていましたので変動費に近い感覚でした。

福岡のフリーペーパーに小さなスペースを年間予約して、小さな広告を毎月掲載しました。年2回大きな会場を借りてセミナーを開催、価値観の合う顧客名簿を地道に増やしていきました。積極的に土地の見たての依頼を受けて、セミナー後は福岡じゅうを走り回りました。そうして経理担当者からの風当たりはさらに増すことにもなりましたが、第一棟目の家が完成し、ようやく福岡県内で現地見学会を開催する環境が整いました。

かくして、野球のボールの「芯」ができつつあったのです。

社長の判断を「消費」から「投資」に変える方法

第一棟目の家の完成見学会は3週連続週末に行いました。もちろん、お施主様にも了解いただいてのことです。ようやく完成した第一棟目です。月1棟の完成・引渡しを続けていくためには、見込客の絶対数を増やしておきたかったというのが本音でした。

しかし、実際にはもう一つ大きな課題がありました。それまでの見込客の方々の「確認の場」としての対応でした。何を確認するかと言いますと「鹿児島と同じような家が福岡でもつくれるのか？」です。お客様の多くは、その点を心配されていました。

既に数組の見込客には鹿児島に足を運んでもらって入居前・入居後の家を数軒ずつは見ていただいていましたので、福岡第一棟目の家のクオリティチェックは厳しい目で見られる状況だった訳です。新規見込客獲得と既存見込客への十分な体験提供ためには、見学会の開催日程に余裕を持っておく必要がありました。

福岡での現場監督は鹿児島から来てもらいました。大工も鹿児島で経験を積んだメンバーから福岡社員大工チームを編成しました。予め「福岡に行きたい！」と、自ら繰り返し宣言した者ばかりです。みんな新天地での初仕事です。現場のクオリティについては心配していませんでした。

心配なのは見学会当日の接客対応でした。完成見学会は通常、お客様には各自好きな時間に足を運んでもらうという運営でした。大体はお昼前後から4時までぐらいに来場が集中してしまいます。来場が重なってしまうと、どうしても十分接客できないお客様が出てしまいます。何しろ営業担当は私ひとりですから、問題はより深刻でした。

考えた末、ご近所の方々を除く見込客・新規客は完全事前予約制にしようと決めました。事前予約制なら、予め誰がいつ見えるのかが分かっていますので、最大限対応できると考えたのです。当時はあまり予約までして家を見学するという雰囲気ではありませんでしたので、「福岡では無名の鹿児島の会社のくせに高飛車な！」と、一部では思われるかもしれません。

見学会も近づいてきた頃、ある日福岡メンバーでミーティングを行いました。

そこで見学会対応についても話し合いましたが「自ら手を挙げて福岡に出てきたメンバーでやりきろう」ということになり、迷いはなくなりました。そもそも、家を持つ場合の「穴」にあたるものとは何なのか？を発見していただくための場です。

事前予約についても「予約は面倒かもしれないが、その分しっかりおもてなしをしよう」ということになりました。

そんな中、社員大工のH君がこう言いました。

「吉岡さんが、毎週末の土日に見学会場で待機するっていうことは、契約に向けた商談が進まないってことですよね？」

私が答えました。

「ぜんぜん進まないってことはないと思うけど、ペースは落ちるかもなあ」

そうしたらＨ君

「だったら、吉岡さんは商談に専念してください。見学会は自分たちで頑張りますから」

私は不安になり

「でも、新規客だけじゃなくて、鹿児島よりもキビシイお客さんも来るよ」

Ｈ君の表情は若干ひるみましたが、

「まあ、なんとかなるっしょう！ピンチになったら電話しますから」

「吉岡さんは契約を進めてください。自分たちも続けて現場が欲しいんで」

私は、見学会よりも建築予定地やお客様宅へ出向いていっての商談を優先することにしました。

福岡第一棟目の完成見学会。それまでに1年あまりの準備期間を要しましたが、福岡スタッフみんなの協力もあり、見学会後には半年程度先までは毎月1棟を完成させて、各地で見学会ができる見通しが立ちました。棟数や粗利益も大切ですが、契約いただいた数組のお施主様が「ドリル」ではなく「穴」を買ってくれたということ、皆さんが見学会開催に同意してくれたことが重要でした。そして、何よりもスタッフ全員で接客・おもてなしをするという機運が自然につくれたことで、チームは大きな財産を手にしました。

後日談として、意外な発見がありました。

青竹割ってへこにかく「博多んもん」も黙る、全員営業の形が見つかったのです。

第2章

『指名受注の導線』を持たない工務店が行き詰まる理由

鳴り物入りで登場したモデルハウスが なぜ、お荷物に成り下がるのか？

お荷物モデルハウスの今昔

住宅のモデルハウスというものに初めて接したのは、アパレル企業から転職した総合不動産会社（以降N社と表記）でした。N社は大規模な宅地開発によるまちづくりを通じて宅地・戸建分譲やビル事業（法人賃貸）中心でしたが、注文住宅事業を関西圏で拡張中でした。

当時はまさにバブルの終盤で、開発した団地での分譲住宅の抽選会にはアルバイトを雇って並ばせる人もいました。運よく抽選に当たって購入、住まずに数年後に転売すれば大儲けできる時代だったのです。高倍率にもかかわらず申込者が殺到する、現代では考えられないような光景でした。

とにかく売り出せば毎回全部売れてしまうのです。年度の販売計画がそのまま決算数字になるという感じで、ほぼブレる事はない時代でした。

とは言っても、分譲事業はかなりの時間と資金を投じてやっと売り物になる訳で、仕込みには量的に限界があります。やはり、地価の上昇がないと採算の合わない事業だと言えます。盤石・安泰の分譲事業が元気なうちに注文住宅事業を育成して、土地に依存しない収益構造を構築しようというのがN社の狙いでした。

前回の大阪万博会場だった場所に千里住宅公園という住宅展示場があり、N社の注文住宅事業部のモデルハウスが建築されました。そこは関西随一の規模と集客力を誇る展示場で、48棟ものモデルハウスが建ち並ぶ、ひとつの団地のような展示場でした。

展示場に出入りするゲートは3カ所あって、そこでアンケート記入をして入場するシステムになっていました。入場後には全体に行き来はできるのですが、ゲートで取得した顧客情報はそれぞれ16棟ずつ3ブロックに分けられていました。

つまり、Aゲートの顧客情報はAブロックの16棟の出展会社にすみやかに配布され、BブロックCブロックの出展会社には1ヶ月後に配布される仕組みでした。他のBゲートCゲートでも同様の運用です。

N社を始め、地元企業は1棟出展するだけでも思い切った投資額でしたが、資金力のある大手のメーカーは、A・B・Cブロック全てにそれぞれモデルハウスを出展して全てのゲートから入ってくる顧客情報を取得していました。

N社にとっては、まさに鳴り物入りで出展したモデルハウスでしたが、48棟もの競争の中で苦戦しました。

N社のモデルハウスはAブロックでしたが、Aゲートの顧客情報を元に、どんなに素早く営業をかけても既に競合が先回りしていました。10社ぐらいはあたりまえです。

1ヶ月後にBゲートCゲートの顧客情報が配布される頃には、めぼしい顧客はほとんど契約済になっているような恐ろしい環境でした。事実上、自社のモデルハウスに入ってきてアンケート記入してもらわないと、他社の後塵を拝する状況だったのです。

「西日本随一の集客力」があっても、蓋を開けてみれば、それ以上に競合は多く、競争は激烈だった訳です。

やがて消耗戦に耐えられない小規模の会社から撤退していきました。

これまで訪問先の工務店で複合店舗化したモデルハウスを多く見かけました。自社所有の敷地に建てたモデルハウスの経費を少しでもカバーしつつ、集客の助けにする狙いです。モデルハウスと併設したスペースに飲食店や雑貨店を自前で運営されているケースでは、やはり働くスタッフの出入りが多く、テナントに切り替えるケースが目立ちます。テナントにしたらしたで、オープンしてしばらくは盛況でも売上が安定せずテナントが撤退してしまい、なかなか次が決まらず空きスペースになっているケースもあります。

そうなると、本業以外の心配ばかりしなくてはいけなくなってしまいます。本業を助けるつもりでつくったものなのに、かえって足を引っ張る結果となってしまいます。工務店本体の人材とは別のスキルが必要である以上、安易な多角化は避けるべきでしょう。社長の心配事が増えるだけです。

請負業である工務店もむずかしいですが、小売業や飲食業もまた、社会構造上むずかしい時代になっています。そこでしか買えないものを持たない限り、ネット通販や仕入価格の影響を特に受けやすいからです。

工務店の中には、地元の大規模店舗などのテナントスペースを借りて本業以外の店舗を運営する会社もあります。大規模店舗の集客力、PR力を見込んでのことです。

しかし、この場合にもリスクが多く横たわっています。

根本的に大規模店舗はテナントに対して強気です。当然のことながら賃料がずっと一定だとは限りませんし、大規模店舗ならではの事情も発生します。古い建築物だったりするとテナントの改装工事には寛容ですが「建物全体の耐震改修のために立ち退いてくれ」とか「場所を変更してくれ」とか平気で言ってくるケースもあります。大掛かりな改装を実施している場合、短期間でこのような申し入れがあったりすると収支計画が大きく崩れることになります。

現にこのようなケースに出くわしたことがありますが、ただでさえ黒字転換するのに何年もかかるのに、振り出しどころか大幅に収支均衡が遠のくことになります。やはり「生殺与奪権」を他人に与えてはならないのです。

ある苦しさから脱却するために、小さな会社が大きくなろうとした時に失敗するケースが多いのは、その時に何らかの気付かぬ隙が出来てしまうからです。

鹿児島の築20年超のモデルハウスが語るもの

シンケンに入社当時、モデルハウスは前述の集成材を使った「木造打ちっぱなし」の家が、鹿児島のＫＴＳ住宅展示場のゲートから見て左奥に建っていました。１年後、無垢の杉材による「杉の家」モデルハウスがその反対側、展示場の右奥に建ちました。

来場するお客様は、２棟あると聞けば両方とも見学したいのが人情です。

２棟の間には１棟他社のモデルハウスがありましたが、私たちがお客様と一緒に前を頻繁に通り過ぎるのでそこの営業マンは迷惑顔でした。しばらくは２棟体制でしたが、「差し上げます」の抽選後解体・移築されました。展示場の敷地の空きが出たタイミングを見計らって、新しいモデルハウスを建てることでモデルハウスのない期間を無くし、おまけに集客もしようという作戦でした。

解体・移築した「木造打ちっぱなし」の家の跡地には他社の建物が建ち、再び1棟体制に戻りましたが、新しいシンケンのモデルハウスは展示場でダントツの来場数を維持していました。

新規来場も多かったには多かったのですが、リピート来場者がとにかく多いのが他社とはっきり違うところでした。

当時、プランの打合せは必ずお客様宅にお邪魔していましたが、その後の打合せはモデルハウスですることが多かったのです。遠方のお客様でも、週末のお休みには足繁く通ってくれるのでした。

車を降りたらまっすぐ脇目もふらずに、いちばん奥にあるシンケンのモデルハウスに直行するお客様を見て他社の面々は「シンケン信者だ」とドン引きしていたものでした。これには、明快な理由がいくつかあります。

ひとつは、自身の家を提案されてからいっそう実物を見たくなるからです。

売っているものが「ドリル」であれば、一回見たら満足です。

しかし、シンケンでは「穴」を売っていましたので、提案を受けてから色々な角度からもう一度確認したくなるのです。家をつくり始めるまでに自分たち家族の「穴」探しをされる訳です。

もう一つは、モデルハウスのパートさんのおもてなしです。

シンケンのモデルハウスではキッチンを実際に毎日使っていました。冷蔵庫にもいつもいっぱい食材が入っていて、何の気なしに開けて見るお客様が、ビックリして閉め「ごめんなさい」と謝る場面がよくありました。午前中からの打合せがお昼にかかる時などは、パートさん手作りのランチが出てきたりしました。

お茶やコーヒーといっしょに出てくるお菓子も手作りだったりして、子供たちはすっかりモデルハウスのパートさんたちがそこに住んでいるものだと思って「また今度の日曜日もおばちゃんの家に行くー！」と言ってる子がたくさんいました。

ランチやお菓子が手作りだからいいという訳ではなく、出してくれるタイミングや、一度見えた方の好みは忘れずに次回以降心がけてくれるところがうれしいのです。モデルハウスなのに「おばちゃんの家」だったのです。

週末は新規の来場も多くあります。テーブルを陣取ってランチなど食べていたら、見学しづらい面もあるのですが、他のモデルハウスとは違うくつろいだ雰囲気は新規客にも魅力的なようです。住まいのいごこちや生活上の価値は、ゆっくり食事でもしながらリラックスして座ってみると感じられるものです。家に帰り着いてもすぐに来週また行きたくなるのが合格の証です。展示用のモデルハウスとしてではなく、住まいとしての「体験」が大切なのです。

一般的にハウスメーカーや工務店では新規客は大切にしますが、契約済の顧客などは来てほしくない空気が漂うモデルハウスが多い中、シンケンでは契約済はもちろん、既にお住まいのお客様優先でした。自分たちの信じる価値観の良き理解者だからです。

新築住宅の完成見学会にも契約済・既にお住まいのお客様たちは多く来場されるのが常でした。

さすがに「既にお住まいのお客様がモデルハウスや見学会に何しに来るのか？」と、不思議に思われるのではないでしょうか。

皆さんの目的は、入居しても尚「穴」である将来の「住まい方」を見つけることです。そして、私たちスタッフにも会いに来てくださるのです。

現在、モデルハウスは築20年をゆうに超えています。毎日使っているキッチンなどは、当然傷がついたり汚れてしまったりして消耗します。しかし、それが住まいの現実ですから、来場者にはそのまま見ていただきます。

また、パートさんたちは実際に使った経験から良い面、人によっては改良の余地がある面などの生きた話をしてくれます。営業マンですら聞き役にまわる内容です。だから、住んでからもなお、皆さん見学に来られるのです。

このような年季の入ったモデルハウスは、一般的にあまり見かけません。一般的には3年ほどで建て替えるケースが多いようです。

なぜでしょうか？　それは、「販売業」では、あたらしい「ドリル」の見本に変えたくなるからです。

シンケンの20年超のモデルハウスは「ドリル」の見本としてはとっくに賞味期限が過ぎています。既に現在建てている建物とは、仕様も違っています。

しかし「穴」を探求する場としては熟成されていますし、20年以上にわたる変化の履歴を持っています。時を経て、せっかくここまでになった建物をもったいなくて建て替える気にはならないのです。建て替えてしまうと、また一からの振り出しに戻ってしまうのですから。

顧客が「本当に欲しかったもの」と「欲しく思わされるもの」の違い

大阪でN社の仕事をしている頃、俳優の渡辺篤史さんが建築家の設計した住まいを訪問するテレビ番組をよく見ていました。「建もの探訪」というタイトルで、放映30年以上になる長寿番組です。

毎週1軒、渡辺篤史さんがお宅訪問をして、その家の施主や設計者のこだわりポイントを紹介するのです。登場する家はどれも素敵でしたが、それ以上に渡辺さんと施主のやりとりが大好きでした。

渡辺さんは「施主がその家で生活することで、気持ちがよければそれがいい家」といったスタンスでした。そういう、住んでいる人中心の価値観で施主のお気に入りポイントを次々と見つけて褒めていくのです。そうすると、施主はどんどんテンションが上がっていきます。そして、遠慮なしにどんどん色々な場所に座り、色々なものを手にして眺めては家中で感嘆します。

「家づくりの仕事をしていて、担当した入居宅にこんな訪問ができれば最高だよなあ」と思いながら毎週テレビを観ていました。

「こういう日常が欲しかったんです！」という溢れんばかりの雰囲気が好きだったのです。

「将来、渡辺篤史さんみたいなことをしたいなあ」とぼんやり考えたりしました。

鹿児島に移住し、シンケンに入社してからの最初の仕事は、奇しくも「入居宅訪問」でした。

M先輩からは、「吉岡さんは、今まで忙しかったんだからゆっくりすればいいのよ。わたしが見込客を入居宅に案内する時は必ずついて来て。まずはOBさん（入居済顧客）と仲良くなってください」というふうに言われました。

私は、「本当にそんなのでいいのだろうか？　親戚も知人もいない鹿児島で、そんなことをしていて契約がとれるだろうか」と不安でしたが、「渡辺篤史さんのようにできるぞ」という気持ちもありワクワクしました。

次の週末、早速M先輩が見込客を入居宅へ案内するということで、私はついていきました。当日は、ひと組のご家族と一緒に2軒のOBさん宅に訪問、お宅内の座れる場所には全て腰掛けてみて、お茶やお菓子をいただきながら、まったりとさせてもらいました。

OBさんからは、

「あなた大阪からシンケンの家に住みたくて引っ越して来たんだって？」

「いいよー、シンケンの家は！」と、ここで声をひそめて

「高いけどね 笑」

M先輩も笑っています。私だったらここはちょっと引きつるところです。

案内中の見込客ご夫婦と私は、思わず顔を見合わせますが、3人共ますます建てたくなっています。その時は本当に渡辺篤史さんになったような心持ちでした。OBさんが、なんとも幸せそうです。

その後、私は毎週末、M先輩の入居宅案内についていきました。馴染みのOBさんもどんどん増えて、見込客のご案内の際には、自分でも直接お願いできるようにもなりました。見込客は未だいませんでしたが、M先輩のおかげで「応援団」は獲得できたのです。

OBさん宅を訪問させていただく中で、気づいたことがありました。小学校の先生が多いのです。それも小学校の先生が圧倒的です。中にはご夫婦ともに小学校の先生だったりするのです。大阪N社時代にはなかったことです。

M先輩に理由を尋ねてみると、

「鹿児島では二馬力（共働き）でシンケンの家を建てるご夫婦は、だいたいダブル公務員ということになるのよ。民間企業がすくないから」という回答でした。

そうなのかもしれませんが、それにしても比率が尋常ではありません。

その後、たくさんのダブル教員のご夫婦と話す機会が増えていき、ある仮説というか確信が生まれました。

それは「小学校の先生は家庭訪問をされているから」です。

実際に人が住んでいる家を、毎年毎年あれほどたくさん見て感じている職業はそうはありません。ただ訪問するだけでなく、子供の生活環境としてしっかり観察している訳です。そういう視点では、工務店の担当者や建築家はまったくかなわないと思ったのです。訪問先のバリエーションでは、渡辺篤史さんも真っ青です。

本当に欲しいもの、欲しい家は、多くの生活に触れることで分かるものなのです。そうして見つけた価値観は「その人のモノサシ」だと言えます。シンケンの顧客に小学校の先生が多いのは、先生たちがしっかりとした「その人のモノサシ」を持っているからだったのです。

それに対して欲しいと思わされるもの、欲しいと思わされる家は「他人のモノサシ」です。残念ながら、世間では圧倒的にこちらの方が多い気がしますが、今後は淘汰の対象になることは間違いないでしょう。ネット上では写真や動画、ＶＲまであって、分かったように感じてしまうので危険です。

また、スペックや「次世代なんとか」というような新しい基準、補助金などは、全て他人のモノサシです。そして、損得で誘導されるのも良し悪しです。こういう要素が「今だけ、金だけ、自分だけ」といった現代の風潮を助長している気もしてきます。

そして、こういった要素は、クロージングの助けになることもありますが、所詮は「欲しく思わされるもの」に過ぎません。

以上、ずいぶんと一般的な売り手の価値観とは違うお話をしましたが、それほどに世の中には「ドリル」屋さん、「販売業」が多いということなのです。

絶対に知らなくてはならない「創造業」としての在りかた

増殖する「元請け形式」の下請け業

世のコンサルティング会社には経営者の上昇志向に火をつけることで、多くの受注を得ている人たちが多く存在します。単にコンサルティングに対する報酬だけでなく、工務店業界の資材などの商流を支配することで安定的な収益を得るビジネスモデルだからです。コンサルティングはあくまで入り口であって、むしろ資材購入のマージン商売が本業であったりする訳です。

いわゆる、ＶＣ（ボランタリーチェーン）とかＦＣ（フランチャイズチェーン）と呼ばれるものも多くはそのような形態です。なので、コンサルティング会社の最大の関心ごとは、いかに年間の総棟数を増やすかです。

大阪のＮ社は、自社オリジナルで勝負の会社でした。鹿児島のシンケンは、私が入社当時はソーラー機材や構造部材などをＯＭソーラー協会（当時）から供給を受けていました。それは工務店ＶＣの草分け的なものでしたが、シンケンでは入社後まもなく全てを自前調達に切り替えることになりましたので、私自身はＶＣやＦＣについては少ししか肌感覚の経験がありませんでした。

独立後、ＶＣで急成長したＭ社からの依頼でご指導させていただく機会があり、そういった組織の現場での実態に驚愕しました。

原則的にそういった企業は「販売業」であり「ドリル屋さん」であることは承知していました。だからこそ、現場に危機感を持ち「穴屋さん」である「創造業」に変革したいとの思いからの依頼でした。それなりに規模のある組織でしたので、まずは現状を十分理解する必要があります。本社に伺って現場を見せてもらうことにしました。

まず、売り物である新築住宅を十数軒見せてもらいました。基本的に仕様はＶＣ本部推奨のもの、全て設計は外注でした。

Ｍ社は加盟しているＶＣではリーダー格の企業であり、新規加盟工務店のお手本でもありましたので、加盟工務店各社はＭ社の建築実例をこぞってＷＥＢサイトやチラシに掲載して集客をしていました。

同じＶＣの新規加盟工務店の社長の中には、

「Ｍ社の実例画像や似た感じのＷＥＢサイト、チラシをすぐに使えるのが魅力です」

「実質、それを買っているようなものですわ」と言っている人がいました。

私は思わず、

「それだけに数百万も払うのですか？」と言いたくなりましたが、

「自前でそこまでやろうと思ったら一生かかりますよ」という声に黙ってしまいました。

ＶＣ本部から見ると理想的な展開状況です。

施工中の現場も見せてもらいました。そこには現場監督とおぼしき人がいましたが、話してみると外注先の人でした。まだ30代になったばかりかなという若い人で、休憩時間に缶コーヒーを飲みながら少しの時間話しました。

「以前はＭ社の社員だったんですが、独立して、フリーで現場監督を請け負っているんです」

「会社に属していると、どうしても同じような決まった仕事しかできないので、思い切ってフリーになったんです」という説明でした。

なんともいま風な働き方です。どうやら、他にも同じようなパターンの先輩がいるようです。品質管理の基準は、それぞれ当人まかせのようでした。

次に営業を担当しているメンバーと面談しました。統括責任者のＵ氏と若手のＳ君です。面談と言っても彼らが戻ってくる夕刻からでしたので、地元の居酒屋で食事をしながらということになりました。Ｓ君は若手ながらもガンガン契約を決めている赤丸急上昇の営業マン、Ｕ氏は急増する人材を早期戦力化するリーダーとの社長からの紹介でした。

彼らの地元ですから馴染みのお店のようで、広い店内の一部は半屋外になっていました。

開店と同時に満席で話し声でワンワンしていましたが、屋根のない場所があるので適度に抜けていくのがいい感じでした。

しばらく飲みながら話しているうちに、また驚くべき点が判明しました。

「施主の住宅ローン付けは、外注の会社があってそこに振ってます。事前審査・申込み・書類のやりとりなんかを全部やってくれるんです」とS君。

私は驚いて聞き返しました。

「じゃあ、新規接客の際に資金計画の話とかで話すネタに困らない?」

するとM君は、

「突っ込んだ話はちょっと困りますね。さらっと話す感じになっちゃいます」

U氏がそこで言われました。

「実際にはリード（見込客）の何割かは社外の相談窓口的なところから送客されてきます。なので、初回接客は土地探しは不動産業者、ローンは代行会社に振って誰でも顧客対応ができるように仕組み化しているんです」

「そうしないと、未経験の人材が入社してきて戦力になるまでの時間と費用がかかり過ぎて事業拡大がうまくいかないので」

なるほど。まさにザ「販売業」です。アメリカ式と言いますか、いかにも今日的でカッコよく聞こえます。

U氏は自信たっぷりなのですが、正直なところ「いったい社内では何をするのだろう？この会社の付加価値はどこに根ざしているのだろう？」ということに疑問を持たずにはいられませんでした。

そして、いくつかの大きな問題があります。

①売り物の質が人まかせになっていて、受注が増えるほど品質がばらつき低下する

②VC各社に同じ売り物が拡散（模倣）され、やがて価格競争になる

③受注単価に対して外注費の比率が高いので利幅が圧迫され続ける

これでは「元請けの形式をとった下請け」のようなものです。厳しい言い方をすれば、もはややっていることが、工務店としての体をなしていません。

VC本部はホクホクかもしれませんが、早期に何らかの「転身」を図らないと、元請けのリスクだけ抱えて会社には何も残らない結果となります。元請け企業としてのリスクは契約が増えれば増えるほど累積していくのですから。そして最悪の場合、何よりも契約した顧客にとってハイリスクであると言わざるを得ません。

実際、残念ながらM社ではその後の対処が間に合わず、懸念が現実となっていきます。

担当者毎の「個人商店化」＝「創造業」ではない

Ｏ社は宅地開発と分譲を得意とするローカル企業です。

創業者であるＯ会長が地元に強いネットワークを持ち、次々と大型開発物件を手がけてきました。セミナーを通じてコンサルティングの相談をいただき私が伺った際にも、次のプロジェクト予定地を見せてもらいましたが、１００区画は取れるのではないかという規模の土地でした。スタッフの増員で手狭になったとのことで、社屋も新築中でした。

Ｏ会長は最近社長を退任し、社長には身内ではなく技術系の生え抜きの幹部のＮ社長が昇格していました。年間かなりの数の建築条件付き宅地の分譲とともに、建物も受注して売上高も大きくなっていました。Ｏ会長はこのように言われました。

「うちの会社は土地で食べている会社です。お客様は土地を選んでくれているだけです。うちの会社を選んでくれている訳ではありません。土地の仕入れは近いうちに難しくなります。土地の売り物があるうちに、建物だけでも選んでもらえる企業に変えていかなければなりません」

Ｎ社長も思いは同じで、続けてこのように話されました。

「総合展示場にモデルハウスを出展して注文住宅にも取り組んでいますが、条件付き宅地以外では競合も多く受注が上向いてきません。条件付き宅地なしでも建物で選んでもらえる独自の商品が欲しいんです」

O社では、毎年多くの分譲宅地を販売するために数多くの規格商品バリエーションを揃えていました。それらは様々なVCの商品群から構成されており、分譲団地を見せてもらった際には企画住宅の展示場かと思うほどの景観でした。

近隣の県からはVCへの新規加盟を検討している企業の経営者がしょっちゅう視察に来るのだそうです。実際に建っている各VCの規格商品をまとめて見れるからです。

分譲部門の営業担当は、土地と建物をそれぞれ選んでもらって契約するだけで一丁あがりです。なかなか注文住宅部門には行きたがらないそうです。そのあたりは私もよく理解できます。古巣の大阪N社でもそうでしたから。

あらためて、現場を見ていると見事なまでに土地と建物の組合せがランダムです。隣同士の関係も街並みの調和もあったものではありません。今だにこういう商売が大規模に成立していることに感心してしまいました。ひとえにO会長の『仕入れ力』によるものです。

これは、明らかに強みではありますが、やがて弱みに転じていくことを予見されて私に相談があったということです。

これまでO社が建物事業で成長した背景には、ある主力商品の存在がありました。

それは、大手ハウスメーカーによりライセンス供給されるもので、一定のルールのもと自由設計にも対応できる商品でした。その後O社は実績を重ね、大口の土地開発案件が持ち込まれるようになって、更なる建物のバリエーションを増やしていきました。自由設計の代わりにVCの規格住宅商品群をどんどん導入して宅地の販売増に対応しようとしたのです。建築家による自由設計も商品選択肢に追加しました。

新しく導入した規格住宅商品群や建築家による自由設計はやり手のA部長が一手に引き受けてプレイングマネージャーとして拡販に奔走しました。

しかし、ここからO社内は複雑化していきます。

売り物の種類は増えましたが、技術部門はひとつです。大半のメンバーは旧来の大手ハウスメーカーのライセンス商品に慣れ親しんでいます。(実のところN社長もその商品に思い入れを持っていました)

動きの良くない社内の技術部門にしびれを切らしたA部長は、外注化を画策しますが、そのことで技術部門との溝がいっそう深まってしまいます。A部長は人事・採用で自部門の障害を除去しようと試みますが、外注先を巻き込んでの更なるあつれきを産んでいきます。

業績目標の達成のためという旗印のもと、そうして社員は独自の仕事のやり方と独自の外注先で『個人商店化』が進行していきます。経営者としても気づいてはいたはずですが、大量の分譲宅地をさばくことを優先、片目をつぶってきたツケが積み重なっていきます。

やっかいなのは、それぞれの部門や担当者がその独自のやり方を工夫することを「創造性」だと勘違いしていることです。自分なりのやり方をもって、会社における存在意義を主張しあっているのです。言い方を変えると、それぞれの存続をかけて自分のやり方を守っているのです。こういった状況が一筋縄では解消しない根本です。

O社の近隣を車で走っていると、あちらこちらに大小の分譲団地が見えます。そのほとんどがO社の手がけた物件とのこと。地元での実績が更なる土地開発案件持ち込みを呼んでいるのです。地主も銀行も不動産屋・土木屋さんもみんなO社に話を持ってきてくれます。

ありがたい反面、過剰な土地開発は組織と業績の拡大にはなりますが『個人商店化』の更なる進行を許し、自社の売り物を持つことが二の次になり遠のいていているようです。

どうやら、販売用不動産を潤沢に持ってしまうと「創造業」への道は閉ざされていくようです。大阪でお世話になったN社もそうでした。なぜなら、儲けるための売り物は創造しなくても、もうあるからです。

石油などの地下資源の豊かな産油国や資源国において、その国ならではの技術や産業が育ちにくいのと似ています。

「ベンチマーク」の意味を取り違える社長たち

工務店関係者の中で、「ベンチマーク」という言葉をよく見たり聞いたりします。「ベンチマークする」という使い方が多いので、正確には「ベンチマーキング」という意味合いで使われているものと思われます。

「ベンチマーク」とは『自社が目指すべき同業他社』という意味合いで使われています。語原は本来、測量の水準点を表しますが、ビジネスでは「目標」というニュアンスが強いようです。

「ベンチマーキング」とは、経営や事業全般の非効率な部分を改善するため、優良事例を探し出して分析し、それを指標（ベンチマーク）に自社の活動の変革を進める経営改善手法のことです。元々は、靴修理の職人が修理の際に客の足を測定することをベンチマーキングと呼んでいました。足を「ベンチ」に載せ、その形をなぞってベンチに印（マーク）を付けて靴のパターンを作っていたことが語源になっているのです。

前段でもご紹介しましたが、ひと昔前は「ＴＴＰ（徹底的にパクる）」と合い言葉のように工務店の社長たちがよく言っていましたが、使いかたを見ていると「ＴＴＰ」が近ごろでは「ベンチマーク」というふうに言いかたが変わっただけのように思います。

例えば、ある工務店社長が、ベンチマーク先企業を視察したとします。

「ベンチマーキング」には元来、視察による表面的な「観察」に留まらず、なぜそれらができているのかという、理由やプロセスも含めて分析・研究しようという意味合いがあります。

しかし、大抵の工務店社長は視察をしても、理由やプロセスも含めて分析・研究しようとはしません。目に見えるものをひたすらパクろうとします。

そのために、外部から見れば家づくりや広告を他社のモノマネにしか見えないのに、当の社長は「ベンチマーキングを徹底している」という主張をされているケースが多く見受けられます。

鹿児島の自宅に視察に来られた多くの工務店社長の行動を観察していると、目に見える部分を一生懸命に記録してまわることに皆精を出されていました。

受入れ側のホスト工務店は、そうやすやすとそのバックグラウンドを明かすようなことはしないので、仕方ない面もあります。そういった「タネやしかけ」を何とか聞き出そうとして、懇親会の3次会、4次会まで頑張ってみても「自分が酔っぱらって覚えていない」というのが関の山です。

ここで、有名な「ベンチマーキング」の成功事例を紹介しておきます。

サウスウエスト航空（アメリカ）の例

サウスウエスト航空は、新路線を獲得したにもかかわらず、航空機を新規購入する資金余力がありませんでした。運行便の平均飛行時間が1時間程度であるのに対し、給油・整備に45分間を要していました。

こうした背景の中、経営陣は給油・整備時間を大幅に短縮することによって航空機の稼働率を上げ、新たに航空機を購入しないで既存の航空機を新路線に投入しようとしました。まず、他の航空会社の給油・整備時間を調査しましたが、他社の平均は50分程度かかっており参考になりませんでした。しかし、同社の経営陣はこの結果に飽き足らずに業界外にベストを求め、耐久自動車レースで有名なインディ500マイルのピットクルーをベンチマーキングし、改善を実現しました。彼らはレース中のピット内での給油時間を数秒で行っていました。追求するレベルが桁違いであったからこそ、そこから得られるものがあったのです。

リッツカールトンホテル（アメリカ）の例

リッツカールトン・ホテルでは、ハウスキーピングのプロセスを改善するために、系列ホテルとともに病院にも対象を広げてベンチマーキングを実施しました。

そこで、優れた手法を見つけました。それは、

●客室清掃は訓練次第でチームで行なうほうが効果的になる
●使用済みになったリネン類は同日中にランドリー完了する
●リネン類の準備ストックは週末は2セット、平日は1．5セットで十分

こちらでも、自分達とは前提条件が大きく違う異業種から「やりくり」的なものを学びました。そして、なぜそれらができているのかという、理由やプロセスの分析・研究がホテルでのハウスキーピング業務に発想の転換をもたらしたようです。

その結果、客室清掃時間の65％短縮、1人当たり対応客室数が13から15に向上、リネンの購入を年間6万ドル節減することができました。

いかがでしょうか？　やっぱり工務店業界ではちょっと違っている人が多い気がします。「ベンチマーキング」は、「ＴＴＰ（徹底的にパクる）」とは次元が違うものなのです。

「指名受注」が貴社の利益構造を大きく変える

単純な増客がもたらすもの

前述の分譲事業中心に展開中のO社に訪問した際、ちょうど週末で分譲部門の販売会をやっていました。新しく完成した分譲区画に数棟の販売用モデルハウスを建てての集客イベントです。

今回の分譲地は土手に囲まれた場所で、ざっと40区画はあります。抽選あり、食べ物あり、お土産の粗品ありで、大変予算もかかっている様子で、現場は大勢の来場客で賑わっていました。

聞くところによると、定期的にこのような集客イベントを開催しているとのことです。何しろ、宅地がまとめて完成したばかりですから、場所はいくらでもありますし、来場者の自動車も駐車し放題です。

現場に居た営業スタッフにこっそり尋ねてみると、営業担当者は皆、集客ノルマを割り当てられ毎回大変なのだと言います。もちろん、折り込みチラシやDM、WEBやSNS広告など総動員での集客ですが、ノルマ達成はハードルが高いようです。

私は、大阪時代の総合不動産企業N社でのことを思い出し、その営業スタッフにさらに尋ねてみました。

「こういうイベントをやると、名簿はどっと増えますけど、あとのフォローばっかり忙しくなって契約はぜんぜん伸びないという事ってありませんか？」

すると営業スタッフは眉間にしわを寄せて、

「そうなんですよー。打率は落ちてます。回を追うごと集客数も成約率も厳しくなってきてます。それもあって、とにかく上物（建物）の選択肢を増やしてもらっているんです」

私はもうひとつ質問してみました。

「確かに、すごくたくさんの選択肢がありますね。その中でこの家を建てたいという、人気の家はどれですか？」

営業スタッフが答えてくれました。

「実際のところ、建物はこれっていうのはないんですよ。土地区画の方はありますけど。建物は、土地＋建物の総額とローンの具合から逆算で決まってくる感じですね。あと『お隣と違う感じで』というのはありますけど」

どうやら実際のところは、建物の選択肢の多さは集客数には効果があったとしても、契約にはそれほど効いているとは言えないようです。まさに大阪のN社でもそうでした。

ここでの顧客は「土地」を買っていて「建物」は土地売りの付加価値として扱われてい

るからです。

売っているのは「土地」であって「建物」はオマケなのです。土地の仕入れの上手な会社では、利幅も土地のほうが大きい場合も珍しくありません。経営陣は、建物で『指名受注の導線』構築を目指しているとのことでしたが、現状O社の販売会でお客様から指名されているのは○○号地と名付けられた「土地」なのです。

大阪のN社の千里住宅公園モデルハウスで、３つのゲート毎に3ブロックに分けられた来場アンケートのお話をしました。

千里住宅公園内では事実上、自社のモデルハウスに入ってきてもらって直接アンケート記入をしてもらわないと、まず商談の土俵には上がれないという状況だった訳です。

当時、それで合点のいった事がありました。

それは「どうして展示場には大きなガラス張りや、ガラスの自動ドアがついているような非現実的な家が多いのか？」という疑問に対しての答えでした。それは、現実的かどうかなんかよりも、入ってきてもらってなんぼの世界だからです。

中が見えることによって、入りたくなるようにしている訳です。また、豪華な粗品を用意して、うず高く積み上げてあるのもしかりです。

そういえば、玄関前の通路に営業マンが呼び込みをしている場合も必ずテーブルに置いてありますし、そうでない場合も外からよく見える場所に粗品が鎮座していました。

言わば、食虫植物が虫の目につく色をしていたり、虫の好きな匂いを発していたりするのと同様の感じです。そこに待ち構えている営業マンはハンターなのです。

また、同業どうしは弱肉強食の世界です。人間社会ですから、競合他社に直接喰われてしまうことはありませんが、強いものがたくさん食べて、弱いものはいつもお腹をすかせていることは強いられます。弱いものは戦い方を工夫しなくてはお腹は満たせません。

いっぽう、来場客のほうも負けじと凄い人たちが居ました。

大きくてしっかりした紙袋を両手に下げて、粗品をもらいまくっている人たちです。その紙袋を見ると、本当ならお断りしたい気がしますが、いかにも家を建ててくれそうな雰囲気を醸し出しながら次々と各社の粗品をゲットしていくのです。そう、プロなのです。

大阪には、そういう「お金持ち風のあつかましい人たち」はけっこう居ましたので、各社そう邪険にもできなかったのを思い出します。

そう言う人たちが、もらった粗品をどうしたのか？は定かではありませんが、当時の粗品は豪華でしたから、最近で言う「転売ヤー」のはしりだったのかもしれません。

このような手法で単純に増客をしても営業現場は何がしか忙しくはなりますが、実のところいいことは起こらないのです。本質ではないもので集客したところで、何も始まりません。これからの時代では尚のことでしょう。

労は増えども、実りは少ないのです。

シンケン入社当時の「衝撃」

シンケンに入社して、初めて営業・設計ミーティングに参加した時のことです。毎週月曜日の朝、商談が進行中の案件ごとに進捗状況を確認、その週の設計室業務の計画を確認・調整する場です。

まず、驚いたのは配られた案件リストに載っている顧客名が、数行しかないことでした。隣にいた設計室リーダーに、どうしてこんなに少ないのか率直に聞いてみました。すると、

「最近、スーパーエコの締切があって、今はちょうど駆け込みが一段落したところなんです」

スーパーエコというのはシンケンが採用している空気式ソーラーシステムが対象になっていた補助金制度の通称です。

「補助金交付が受けられるということで、たくさんの駆け込み契約があったんですよ」

「このあいだまで、設計室はみんなてんてこ舞いだったんです」

どうやら私は、みんなが一息ついているところに入社したようです。

補助金交付には様々な申請書類が必要になります。普段準備している建物を建築するための書類以外のものばかりですから当然慣れていませんし、膨大な作業をともなう訳です。

設計室リーダーはぼやきます。

「設計室みんなが行政書士かなんかになったみたいでしたよ。本当に」

申請用書類作成のための、その膨大な作業に対して十分な対価を契約に盛り込めていない事も問題でした。どの程度の工数がかかるものか、事前に十分な情報がなかったからです。補助金に関しての労力と対価の問題は、現在でも同じような状況が繰り返されている気がします。

しばらくすると、工務（現場管理）のリーダーが営業・設計ミーティングのテーブルにやってきました。いつも設計・営業ミーティングと同じ時間帯で、工務ミーティングも別の部屋で行われていましたので、そちらを抜けてきているようです。そして、
「どこか、基礎工事にかかれる現場はないけ?」（鹿児島では語尾が「け」になります）
設計室リーダーが返答します。

「スーパーエコの申請が手間取っていて、今週時点ではむずかしいですがよ」（鹿児島では語尾は「がよ」です）

工務リーダーはくい下がります。

「基礎屋さんが空くのよね。遣り方だけでもしたいんだけど」

かなり切羽詰まっています。

駆け込みで契約はたくさん取れているのですが、申請がだんごになってしまい着工できる現場がないのです。スーパーエコ前には、幾分買い控えもあったのかもしれません。

補助金は営業部門としては販売促進になりますが、会社全体ではやっかいなものです。スケジュール的には明らかに撹乱《かくらん》要素ですし、経費が思った以上にかかってしまい、締めてみたら儲かってないということもあり得ます。

それから数ヶ月後、全体の工程に重大な問題が発生しました。補助金対象の現場が一斉に着工となり、工程が著しく重なって現場に誰も来ない日が多くなってしまいました。結果として全体的に工期も長くなってしまいます。これは、各現場の経費増大を引き起こします。全現場を累計するととても大きな金額になります。

また、金額に現れない損失もあります。お施主さんや近隣周辺の人たちへの印象です。長期間、現場に誰も来ずに空いていたりすると「この会社は大丈夫か？」という印象になってしまいます。現場が荒れたりしてくると一層そのように見えます。「受注好調で現場が多いものですから」などと説明しても、立場の違う人に対しては火に油を注ぐ結果になる場合もあるので、言葉は慎重に選ばなくてはいけません。

請負業では、施工能力以上の状況が続いてしまうと、このような状況になることは避けられない面があります。

シンケンでは、造園・外構工事などを別途とするケースは皆無でした。必ずセットで請負うことが契約の条件なのです。外部と一体的に設計・施工することで、敷地条件を克服した居心地を提供するためなので絶対に譲れません。それゆえに、工程の集中はさらに大きな障害となります。

引き渡し段階になると、どうしても造園・外構工事を中心に残工事が多くなり、その影響で資金回収が遅れたり、クレームが増えたり、利幅が低下したりでいいことは何もありません。

また、引き渡し前のチェックが甘くなったり、完成写真の撮影ができなかったり、完成時の見学会などは望むべくもありません。まわりまわって営業部門にも多大な機会損失をもたらす結果となりました。連鎖的に悪いことが重なって発生する、まさに悪循環です。

前段で、「モデルハウス差し上げます」というイベントの話をしました。その際に

230組の応募があったことも紹介しました。建設地が決まっていることを応募要件としていましたので、建設地を探している方を含めると、さらに多くの見込客の名簿を獲得することができた訳です。

これだけの反響が取れれば会社としてもホクホクです。通常であれば大成功と言えるでしょう。当時営業担当者は5名でしたから土地探し中の方を含め、ひとりあたり50組以上見込客を獲得したことになります。仮に1割成約に持っていければ、5棟の受注が見込めます。5人合わせて25棟です。

しかし、事はそう簡単ではありませんでした。営業担当者全員がせっかく手に入れた名簿から契約にまで持っていく事ができないのです。またしても実りなき繁忙、なんともイヤなデジャブ感です。

「モデルハウスをもらえるのなら、ダメ元で申し込んじゃえ」という集団の中には「シンケンの家じゃないとイヤだ」と言う人はほとんどいなかったということです。

考えてみれば当たり前のことです。実のところ当選された方も例外ではありませんでした。

単純な増客がもたらすものはいつも実りなき繁忙です。経営者が得るものも、なんとなく動いているという安心感ぐらいなものです。後には経費増大という嫌なオマケが追ってきます。いくつもの会社で何度も経験していますので、どうやらこれは市場の真理のようです。

「一年先まで受注しておかないとダメだな」

迫社長からはそのように言われました。

一年先とは、一年分の契約済未着工のことです。ということは、施主は契約してから1年後に着工して1年半後に引渡しを受けるということになります。

「そんなに待ってくれる施主がそんなにいるだろうか？」と思いましたが、もし一年先まで受注できたとしたら、単純な増客とはいっさい縁を切れそうです。

その時点では絵空事のようであった「一年先までの受注」はその後、本当に実現することになります。

何もないところからの「指名受注」の始めかた

Kさんは、シンケンで一緒に仕事をした仲間の知人です。どう見ても40代にしか見えない、はつらつとした筋肉質の50代大工さんでした。おひとりでおじいさんの頃からの工務店を切り盛りされている経営者でもあります。お会いしたのは、鹿児島に来られた際に私が担当している現場を見に寄ってもらったのが最初でした。

その頃の私は、シンケンで初めてのマンションリノベーション事業をひとりで立ち上げることを命ぜられ、その日1日がいっぱいいっぱいで余裕のない毎日を過ごしていました。何しろ設計・現場・協力業者探しと、これまでやったことのないことばかりだったからです。

営業や広報といった分野はそれまでも携わってきましたので得意でしたが、今回は事業立ち上げです。ひとりで何でもしないといけません。工事が始まってからは、机に座っていても分からないことばかりでしたから、毎日のように現場に通っていた頃でした。

Kさんに見てもらった現場は、築9年65㎡ほどのマンション住戸でした。もとの内装・設備はほとんど新品のようでしたが、全部解体・処分してフルリノベーション工事の最中でした。

現場に入ってこられた際にKさんは思わず小声で、

「うわ…」「…」

仮止めしてある鴨居や、仕分けして置いてある材料などを顔を近づけ見回しながら、

「いままでマンションリノベを舐めてました…」

「どうせ内装だけでしょ。みたいに」

「やってもないのに、なんとなく新築よりも下に見てました」

告白するように言われたのが印象的でした。

「住みたいです。ここに。嫁と一緒に」

「大工の技術を活かせるところがいっぱいある。へたな新築よりずっと、やりがいがあります」

「この仕事をやりたい。やってみたいです」

いつの間にか、お客様のような大工のような入り混じった感じになっていて戸惑いましたが、懸命に作っている自分の現場を見て、プロにそう言ってもらえたのは嬉しかったのを覚えています。

その後、シンケンを離れてコンサルタントとして独立する際には、Kさんに最初のクライアントになってもらいました。Kさんから「どうやったらあんな仕事が取れるようになれるか教えてほしい」と頼まれていたこともひとつでしたが、他にも理由がありました。

それは、３代目であるKさんがおひとり（たまに奥様に手伝ってもらって）で工務店をされていること、モデルルームも事務所もないこと、看板すら上げていないことでした。

もっと言うと「社員なし、商品なし、金もなし（Kさん談）」ということです。

これ以上小さな単位の工務店はありません。ひとり大工の工務店は、かつての日本ではメジャーな形態だった訳ですから、日本じゅうあるある訳です。

独立するにあたって、Kさんが成功できてこそコンサルタントとしての存在意義を確かめることができると考えたからです。逆に言うと、Kさんが成功できないようでは本物のコンサルタントだとは名乗れないと思ったのです。

もし、Kさんがモデルルームも事務所もないままに『指名受注の導線』を築き、値段が高くても、待ってでも「あなたに頼みたい！」という顧客を獲得できるようになったら…。

私には確信がありました。これまではシンケンという後ろ盾があった訳ですが、私自身が鹿児島で出来たことが、Kさんに出来ないわけがないと思ったからです。

鹿児島市は地方都市の中では大きな街ですが「地価が高い、所得が低い、若年人口減」と三拍子そろった厳しい市場です。その中でも『指名受注の導線』を構築し継続する術は実践を通じて分かっていたので、Kさんにも地元で同じようにやってもらうだけです。

幸い、Kさんの地元は鹿児島市よりは市場として恵まれた地域でしたから、実現出来る自信があったのです。

ちょうどその頃、Ｋさんは古い木造のガレージを改修して事務所として使いたいという相談を地元で受けていました。お施主さんは行政書士をされていて、来客対応もそこでしたいという要望でした。

鹿児島でマンションリノベーション現場を見られて大いに触発されていたＫさんは、可能な限り居心地のいい場所にしようと奮闘されました。

「鹿児島ですごい部屋を見たんです！」というＫさんの熱意にほだされてお施主さんも何やら分からないままに「自分の事務所だと思ってやってみてくださいい」とまかせてくれたのです。


『ガレージ事務所』が完成間近になり、私は現場でＫさんに提案しました。

「完成したら見学会をさせてもらいましょう。マンションリノベーションという見出しでチラシをつくって告知するんです」

Ｋさんは目を丸くして、

「え。でも、ガレージですよ」

「しかも木造だし…ここは」

真面目な性分のKさんは困惑顔です。私は、

「だいじょうぶですよ。お客様はKさんが思っているほどは、そういうところは気にしていないものですよ」

「このガレージを買ってもらうというチラシではない訳ですし、マンションに住んでいるお客さんが来て改修の参考になったり、有意義な発見があればOKなのですから」

Kさんは「だいじょうぶかなー」と言いながらもすぐさまお施主さんに話されました。お施主さんは二つ返事でした。ダメ元でやってみることになりました。

大切なのは、

- **●自分でも「欲しい」と思えるものに取り組む**
- **●「なぜ、それがいいと思うのか?」を自分の言葉で伝える**
- **●そのことに共感してくれそうな人たちにアクセスする**

ということです。

Kさんが、後にそのことを証明してくれました。

第3章

工務店を「天国」と「地獄」に分かつ『禁断の5ヶ条』

外部の「規格商品」を導入していないか？

「他人が考えた規格商品」を盲目的に売る愚

日本の住宅市場は、職人不足や資材高騰により「規格化」が進展してきました。そのこと自体は決して悪いことではありませんが、いくつかの弊害も目立ってきています。

特に「規格住宅」の設計・積算資料、販売ツール、広告素材などをパッケージ化、エリア販売権とともに販売するビジネスが拡散したことが挙げられます。

こういったサービスは事業の立ち上げの際には頼れる面もありますが、現代の情報化は「新しいもの」の普及に一役買ってくれるものの「商品」としての劣化も加速させる効果もあることが分かってきました。良くも悪くも情報の普及が容易で事業展開が素早い反面、ブランドの流行り廃りが早すぎるのです。

具体例を挙げましょう。規格住宅のパッケージ商品を販売している側のP社関係者が頭を痛めていた話です。

P社関係者のTさんは、自社開発した加盟工務店用の規格商品名で検索、PC画面上に出てきた画像を指さしながら嘆きます。

「吉岡さん、見てくださいよー。ひどいでしょう？ これ」

「こっちのなんか、もう原型をとどめてないです」

「でも、しっかり商品名は使ってるんです。ほらー」

画面上に並ぶ画像は、確かに同じ商品には見えないぐらいテイストも仕様もバラバラです。でも、商品名を入力して検索すると、じゃんじゃん出てきてしまうのです。

画面上では、もはやどれが正解なのかも分からなくなっています。不正解のほうがずっと多くなってしまい多数派を占めているからです。

通常、商品化された規格住宅はデザインや使用部材も決められているものですが、全国の採用工務店の中には数棟建てるうちに自社のアレンジをしてしまう会社が多いのです。

購入しやすい部材や現場で作りやすいデザインに置き換えてしまうのです。顧客からの要望を受け入れての場合もあるかもしれませんが、基本的に、規格住宅商品パッケージに対して採用工務店側での受け止めは「客寄せ用」です。

集客・契約してからどう建てようが採用工務店の勝手なのです。商品開発を行った本部側としての意向など気にもしていません。たとえ導入時の契約書に規格外の建物には商品名称を使用しない旨が謳われていてもです。ＶＣ本部側としても事実上は対処しづらいのです。

うるさいことを言って年会費収入を損ねたり、そこに労力をかけたくはないからです。

その結果、どういったことが起こるかというと、こうです。

① その商品ブランドのできそこないとも言える「亜種」がネット上にあふれてくる

② 「亜種」は正規のルールに沿ったものよりも早く多く増殖していく

③ 商品の訴求力が低下して消費者にも工務店にも販売力を失う

VC本部としては、たまったものではありません。

以前からもこういったことは必ずといっていいほど発生していた事ですが、格段に進行が早くなったと言います。情報化によってネットで拡散する速度が早く、望ましくないものの拡散が制御できないことがその要因であり深刻な悩みなのだそうです。多額の開発費をかけた商品住宅も、あっという間にブランド価値が毀損されてしまうからです。

いっぽう、各地の採用工務店は一蓮托生です。

自社エリアの顧客は、当然のことながら全国の商品実例を見ることができます。

そこでは「できそこないの亜種」も多数、目にすることになります。採用工務店側がしでかした事ではありますが、ブランドの毀損による損失を被るのはVC本部だけではなく、採用工務店もまた同じです。

細かくエリア分けされた全国津々浦々の工務店に販売された規格商品ですから、扱える会社も多数になります。そうなればなるほど「亜種」も増えて値崩れするのは時間の問題なのです。

高額を支払って採用した規格商品住宅ではあるが、思いのほか賞味期限は短いのです。百戦錬磨のVC本部は、そのうち頃合いを見て次のあたらしい商品住宅を勧めてくるのです。聞くところによると、規格商品住宅はひとつリリースされた段階で、既に多数の「後釜商品」が準備されているそうです。商品が劣化することを見越して、劣化後の次の売り物をこっそり準備しておくことは「常識」なのだそうです。

『小なれど一流』を目指す社長には、あまりお勧めできない世界です。これでは『指名受注の導線』の構築など望むべくもないからです。

実は恐ろしい規格商品パッケージでの「急速拡大」

住宅の規格商品パッケージには、素早く導入・展開できる利点があります。

いっぽうで、あっという間に市場に飽和してしまい、他人のしでかしたイメージダウンにも影響されてしまうという表裏一体の欠点もあるという話をしました。プラスマイナス両方の「スピード」を持ち合わせているということです。ここでは、その規格商品の利点を活かして事業を急速拡大した場合に、どういうことが起こるのかをお話します。

Ｅ社は価格と性能とデザインをバランスさせた住宅を提供している会社です。急速な業容拡大により、これまで先頭に立って引っ張ってきた社長のマンパワーが限界に達し、ＶＣの規格商品を導入しました。合理的に整理された販売手順に沿って社長以外のスタッフでも売れるようになり、業績は右肩上がりになりました。型どおりの手順と、可能な限り外注化された販売手法はあたらしいスタッフ中心の組織にも落とし込みやすく、新規採用とともに複数の販売拠点を立ち上げ、目を見張るスピードで営業体制は整っていきました。（ように見えたというのが正しいかもしれません）

ＶＣ本部の勧めもありモデルハウスを建設、様々なメディアに次々と広告宣伝費を投じていきました。

売上規模は順調に拡大していきましたが、順次引渡しを行い規格住宅の実例が増えてきた頃には、販売エリア周辺は同じ規格商品を扱う競合他社だらけになっていました。

Ｅ社の成功を聞きつけ、こぞって周辺地域の工務店が導入した結果です。Ｅ社の好調を成功事例として拡散したのは、他でもないその商品のＶＣ本部でした。

その後、うわさを聞きつけてか、別のＶＣもほぼ同様の規格商品パッケージを発売。先行するＶＣ本部の販売権が全てのエリアで売り切れても、後発の別のＶＣの類似商品なら扱えるので、同エリア内に類似した規格商品住宅を扱う会社が雨後のタケノコのごとく増えていきました。ヒット商品ほど、こういう時の増殖速度は増すのです。

そもそも先行しているＶＣ本部の加盟会社だけでも地域によっては供給過剰になることがあります。建前として販売エリアは加盟会社毎に分けられていますが、現実には隣接エリアに攻めたり攻められたりです。お互い先行投資をしているので、顧客が見つかればエリアなどと言ってはいられないのです。こういう問題には実質的にＶＣ本部も強制力はなく、大抵は見て見ぬふりです。

こうしてモデルハウスや引渡し実例が増えてきた頃に、頭の痛いことが次々に起こるのですが、固定資産も人件費も拡大しているので後には引けません。このような状況になると、次に発生するのはサービス工事の約束や値引きです。

さらに、本来のメニューにないカスタマイズなども営業段階で乱発されるようになってきます。販売が先行する形で年間建築棟数は急増しているので、この段階では既に施工現場は混乱しています。スタッフも中途入社人材が増えているし、現場の協力業者も新顔ばかりといった現場が増えているところに、営業段階での値引きや口約束が地雷のように爆発し始めるのです。

こうなると、徐々に人が辞め始めます。それを埋めるのに更に無理を重ねることになってきます。さらに、最大限外注体制を活かして展開するモデルが、徐々にあだになっていきます。悪い噂は良い噂の10倍の広さと早さで伝搬すると言われます。こういう時のリカバリーは極端に難易度を増していくものです。

急速拡大のエネルギーが負の方向に働いた時には非常に困難な状況に陥ります。他人（VC本部）が考えた規格商品住宅を導入するにあたっては、このような状況がよく見られます。彼ら（VC本部）は、成功企業を広告塔として次を販売するモデルなので、当然の流れとも言えます。VC本部としては、販売エリアが飽和したらまた次の規格商品パッケージを発売すればいいのです。

多くの場合、ある規格商品パッケージを発売する段階で、次の規格商品パッケージはほぼ準備が整っていることも珍しくないというお話をしました。無論、VC本部は工務店サイドにはそのことをいっさい口外しませんが、元々そういうビジネスモデルなのです。

規格商品住宅パッケージというものは、賞味期限が短い割には投資額が大きくなります。だから加盟工務店の社長はスピードを上げたくなるのです。VC本部は急成長が大好きですから、あの手この手でどんどんあおってきます。

スピードを上げると運転技術も要求されるのは、経営も車の運転と似たところがあります。運転技術を超えて急いでしまった時に事故は起こるものです。この点でも共通していると言えます。

規格商品の「大量品揃え」がもたらすもの

ここまで規格商品パッケージ導入の際に陥りやすい状況の例を挙げました。

こういった性質を持つ規格商品ですが、複数の規格商品パッケージを導入するケースも実際には多い訳です。飽和状態になった先行商品の後釜として、VC本部の勧めで導入していくうちに複数併売になってしまうのです。VC本部の思惑どおりです。

年間10棟程度の工務店が5つも6つも商品住宅を持っているような笑えないケースも珍しくないのが、日本の住宅業界です。VC本部の営業手法が上手であるということもありますが話を聴いてみると、明らかに社長の不安のなせる技であることを感じます。

さながら国家間の軍拡競争にも似た構図なのです。常に近隣他社の脅威にさらされ、競合・値引・失注が日常化しているからです。

供給過剰気味の地域では、特に導入競争に拍車がかかってしまうのです。エリア内の別の工務店に入られないために、先んじて自社で導入しておくというような「予防的導入」というケースすらあるのです。その場合、その商品を積極的には販売しない事もよくある話です。自らの縄張り内で「その商品が売られる機会」を封じる訳です。

それだけに数百万も払うのか？と思われるかもしれませんが、営業エリア内での優位性を買うと思えば安いのだそうです。

規格商品パッケージを数多く導入していたW社のケースを紹介します。

W社は土地開発を得意とする分譲主体の企業で、年間数十億規模の売上を上げていました。条件付き宅地販売＋規格住宅といったパターンの販売が中心で、規格住宅の種類は豊富な商品群から顧客に選んでもらうという営業手法で受注をこなしていました。

出来上がった街並みを見せてもらうと、ひとつの会社が手がけたとは思えないバラバラのデザインの家が建ち並んでいて、さながら規格住宅の総合展示場のようでした。

しかし予算の関係か、ほとんどの区画で外構・造園は未完成です。それでも、洗濯物を干している入居宅も散見されたので、通常外構・造園は別途なのでしょう。景観的には、総合展示場と呼ぶのはいささか良く言い過ぎかもしれません。

家としての出来上がりはさておいても、これは深刻だと感じた問題は別にありました。受注後の設計・施工段階での社内の問題です。

設計段階では様々なVC本部の様々な商品住宅の作図が行われていました。設計チーフと昼ごはんを食べながら話を聴かせてもらっていたら、驚いたことにCADソフトが5種類併用されていて、担当者によって使えるソフトが違うのだといいます。VC本部から推奨されるCADソフトを導入したり、中途入社のスタッフに対して自身の慣れているソフトの使用を容認しているうちにそうなってしまったとの事です。

「ＣＡＤソフトのヴァージョンを区別すると種類は倍以上になるかもしれないです。正確には数えた事ないんで分かりませんが…」

「とにかく販売した建物を次から次にさばいていくのがやっとで、良くないのは分かっているのですが、増える一方です」

その時の設計チーフの正直な話に言葉を失ってしまいました。

販売サイド主導で規格商品パッケージの導入を重ねていった結果ですが「これでは効率も生産性もないな」と思いました。そのぐらい土地販売の利幅が大きいのでしょう。

次に、施工管理担当者からは、このような話を聴かせてもらいました。

「基本的にうちは規格住宅なので、お客様との打合せは少ないほうだと思うのですが」と前置きしつつ、困った顔をしながら

「資材が全部違うんですよ。微妙に」「現場はほぼ自社分譲の団地内ですから、近くに固まっていて現場の管理はしやすいんですけど、材料の使いまわしができなくて」「ロスも年間にすると凄いんです」

私はすかさず「それなら余りを在庫しておいて、次に同じ規格住宅の際に使えばよくないですか？」と尋ねてみた。

すると、「在庫しておく場所も無いし、それを管理する人もいないんです」「また、規格商品の種類や仕様の移り変わりも激しいいし、次にいつ使えるか分からないので、ひと現場が終わったら処分しています」と返ってきた。

この会社は、すべての新築を合わせると年間１００棟目前です。

おそらく毎年凄い金額を捨てているはずです。総合での利益率が上がらないと聞いていましたが、それはそのはずです。販売ベースの数字はなかなかのものでしたが、いろんなところからお金が漏れていっているのです。

W社の場合、販売サイドはコンビニのように住宅の売れ筋商品を品揃えして、顧客に選んでもらい、土地と抱き合わせで販売する営業形態です。コンビニの商品は、それぞれ違った会社や場所で最適化された環境で製造され、物流にのって店に集められてきます。だから、小さな店舗に様々な商品が必要なだけ並べられる訳です。

住宅会社は、商品ごとに決められた部材を仕入れて自社エリア内の現場にて組立てなければなりません。いたずらに商品品種を増やしてはいけないことは、火を見るより明らかです。大きな販売計画を何とかして達成しなければならないとなると、そういった基本原則すら無視されてしまうのです。

往々にして、多額の借入があったりする場合には大切な基本原則が曲げられてしまいます。こういったケースは現実にはそれほど珍しくはないのです。

　宅地開発には大きな資金が必要です。先行投下した資金は宅地化した土地を売却できて初めて回収できるのです。どうしても、寝かせている資金が大きくなる事業です。金利が急上昇する局面で不動産セクターの企業が一斉に苦しくなる所以です。

　また、大きな資金を寝かせることができる会社に大きな開発案件は集まってきますので、そういう会社は宅地の在庫が過剰になりやすいのです。ここに規格商品の「大量品揃え」に至る因子があったのです。

「競合研究・競合対策」をやっていないか？

性能合戦に巻き込まれてないか？

現在の住宅市場は性能面をセールスポイントにするものが目立つようになっています。これは、世界屈指の地震国であるという差し迫った事情と、世界的な脱炭素の流れからくる国の政策の後押しもあってのことです。

自動車・太陽光発電などと同様、補助金や様々な制度上の優遇措置で社会的に誘導されているのです。関連企業がその流れに乗って販売攻勢を掛けることで、経済も回っていきます。わが国固有の官製経済刺激の仕組みであることはご存知の通りです。

ほとんどの場合、こういった施策の恩恵は取り組み時期が早いほど大きいものです。これまでにない経済行為を立ち上げていくための「呼び水」なので、早い者勝ちといった面が少なからず出てきます。ゆえに、こういった分野に該当する商品・サービスに関しては売る方も買う方も加熱してしまいがちです。

そして、現代はネット社会です。情報の発信コストがほとんどかからなくなりました。また、何処でも誰でも情報にアクセスしやすい環境になり、情報拡散はスピード・量ともに桁違いに増幅されています。そのことによって、世論が一方向に極端に振れやすくもなっていることは読者諸兄姉もお感じではないでしょうか。

ネット上には、嘘も本当も入り混じっています。昨今の国際情勢ニュースなどがそうであるように、フェイクであっても物量の多い方が本当のように扱われたりする現象が多発しています。口コミが多いからと言って、必ずしも良いとも言えない世の中になっているのです。多数意見は容易に操作できるようになってしまったからです。

住宅関連のメディアは性能・DX百花繚乱です。前述のような流れでスポンサーも獲得しやすく、お金が動くテーマだからです。トレンドと言ってもいいでしょう。

そして、ネット社会になって特定の傾向へ極端に振れやすくなっているのです。

住宅事業を展開する会社が性能で競うということは、共通の尺度で比べられるということです。言い換えれば、みんなで同じ土俵に飛び込む行為とも言えます。

「そんなことを言っても、対応を怠れば世の中の流れに乗り遅れてしまうではないか」とおっしゃる向きは多いでしょう。性能を意識することがいけないのではなく、その軸ばかりが強くなりすぎることには危険が潜んでいるということです。

性能といった切り口は変化が早く、すぐにコモディティ化してしまいます。

それが狙いで政府も施策を繰り出しているのですから、当然です。高性能を謳って一時的にアドバンテージがあったとしても、あっという間に横並びのあたりまえになってしまうということを念頭に置くべきです。そうなると同時に相場はどんどん低下し、価格競争も激しくなってきます。

もうひとつ、意識しておくべき重要な点があります。性能競争の末に待っているものがどういうものかです。性能を高めれば高めるほど、それを急げば急ぐほどにデザインは似てしまうということです。スマートフォンや自動車などを見てもその傾向は顕著です。

特にわが国の住宅に関しては様々な「認定制度」があり、使用部材の寡占化が進みやすい社会構造です。「認定」を取得するのに資本力や時には政治力が必要となるからです。また、ＣＡＤデータや発注情報のデジタル化の進展によっても寡占化が進みやすくなっています。ソフトウェアやアプリに対応できていない商品や部材は徐々に使われなくなり、市場から排除されていくからです。

このように、高性能化・デザインの収斂・価格の低下といった流れの先には淘汰が待っています。これは大手企業の常套戦略とも言えます。こうした変化のスピードが早ければ早いほど中小企業は対応が難しくなるからです。これが、現代における現実でもあります。

小規模経営である工務店の社長は、この「土俵」に両足を突っ込んではいけないのです。片足は残して自らの会社でないとできない強みを常に保持しておかねばなりません。

私は日々、その部分のお手伝いをしているのです。

周辺相場ばかり気になっていないか？

住宅は出来上がると不動産となります。不動産は流動性のある資産であり、流通する際には一定の評価ルールまたは周辺相場と比較して価格が決定されることになります。

周辺相場は、主に直近の取引事例などが参考にされます。取引のない地域では、建物は再調達原価から経過年数に応じた減価額を差引いて算定したりしますが、戸建ての木造住宅の場合20年でほぼゼロになります。土地の場合は公示地価などが用いられるのが一般的です。

また、融資を受ける際の担保評価としても、土地・建物それぞれ貸す側の理屈により所定の評価方法で値踏みされるのが通例です。そういう社会的慣例から、新築販売時には売り手にも買い手にも相場観みたいなものが根底にあることが通例です。

新築住宅の建築費で坪当たり単価という概念が根強いのは、このような担保評価や税法上の評価に加えて、昔からの大工棟梁たちの商慣習の名残りでもあります。

こうした制度上の相場感覚が、わが国での建築費坪単価表示の継承に影響しているものと思われます。その流れもあってか、住宅販売・仲介・新築請負をされている方々には相場観の強い人が多い訳です。売れる相場に敏感なのです。

そのこと自体は悪いことではありませんが、特に新築請負をされるのならその感覚が仇になることが多いので注意が必要です。

相場観が行きすぎて人に価格を決めてもらう感覚が強くなりすぎるからです。

完成してしまうと住宅は「不動産」として認識されます。そして、古くなると中古物件として「十把一絡げ」になります。ネット社会になって、やはりその傾向もより強化されました。これまでは存在するのに見えなかった物件情報が見えやすくなったからです。

シンケン時代に担当させてもらったお客様がご自宅を手放される際には、思っていたより高く売却出来ることが多いようです。

「建てるときは予算オーバーでしたけど、吉岡さんのおかげで結果オーライでした！」との報告をもらうことが多いので分かるのです。

「終わりよければ全てよし」と言いますが、そういうお声に触れる度に共に携わった皆での「仕事」を、やり遂げた気持ちになります。建物が古くなっても尚、相場より高く買ってくれる人がいる事は何よりの評価であり「仕事」の価値を証明するものだからです。

「相場」からの逆算で発想する仕事では、このような結果には決してならないはずです。

新築請負の場合、周辺相場にかかわらず高くても待ってでも買ってもらえる仕事を目指すべきだと常々お伝えしています。筋のいい事業は価格で比べられないことが基本です。

特定の顧客に強く支持される分野を磨き上げ、圧倒的に質を高めて他社では買えない状況を維持することが、社長が取るべき戦略です。

過度に相場が気になってしまうのは、価格で比べられているからであって、価格決定権を市場に委ねてしまっている証でもあります。同時に、競合や失注・値引きが無くせない元凶でもあるので、なんとしても放置してはいけない課題です。

「それができないから困ってるんですよ」という声をよく耳にしますが、決して悲観することはありません。日本の住宅市場では、大半のケースで本質的な顧客満足度を獲得できていません。その市場の中において、

●特定の顧客に強く支持される分野を見つけること
●それを磨き上げ、圧倒的に質を高めること
●他社では買えない状況を維持し、先の予約受注を積み上げておくこと

は、十分可能なことです。

なぜなら、幸いにも他社のほとんどがそれをやらないからです。

また、その3点が強化される過程では、目に見えて競合・失注・値引きというものとはどんどん縁遠くなってゆくのです。やってみる甲斐は十二分にあります。

研究すればするほど似てしまう

全国各地の工務店は歴史的にもハウスメーカーに駆逐され、散々な目にあってきました。その事がトラウマになり、後継者にも確実に受け継がれています。

日本の住宅供給は、小規模な経営単位によって各地で行われてきました。戦前は物流基盤が未発達で、一般住宅では自然素材を中心とした近隣地域からの資材調達がスタンダードでした。当時は当たり前すぎて「地産地消」という言葉など存在しませんでした。

ところが、戦時中に日本本土は度重なる爆撃を受け、多くの家屋が焼失しました。その後、国策としての復興が推進されるとともに住宅供給が組織的になり、やがて大規模産業化していきました。急ピッチの住宅建設が可能な社会システムが構築される中で、生産技術・物流能力が発達しハウスメーカーが成長を遂げていったのです。

販売・設計・生産・施工を一貫して全国展開する、ハウスメーカーという形態は世界的には大変稀な存在です。敗戦国であったがための国を挙げた復興政策の賜物なのかもしれません。その成長過程で多くの地域で地元工務店が市場を奪われてきたのです。

大阪でお世話になったN社は、大規模団地開発を手掛ける分譲事業中心の企業でした。自社分譲団地が関西各地にいくつもあって、計画的に分譲事業を展開していました。また、販売していた分譲地には、それぞれに明確にグレードの違いがありました。

まず、どの沿線のどの駅を利用するのかといった団地ごと、団地内の位置によるもの、土地面積や建物の大きさによる価格帯など何段階ものグレード分けが存在していました。

建物仕様としても各グレードに対応できるように、プラチナ・ゴールド・ブロンズと三段階の仕様設定がなされていました。アパレル企業から転職したばかりの当時の私は「お寿司屋さんの松・竹・梅みたいで分かりやすいなあ」と笑ってしまいました。アパレル業界でのブランドのグレード分けは、もっと複雑でよく分からないものだったからです。

私の担当していた注文住宅事業は社内では新規事業で、分譲住宅の三段階の仕様を踏襲していました。当時の注文住宅事業は分譲住宅事業と違って他社競合が甚だしい状態です。分譲事業では分譲地グレードに建物を合わせる意図で三段階の仕様設定がされていたのですが、注文住宅の営業部隊ではいつのまにか競合相手に合わせて三段階の仕様を使い分けるようになっていきました。

例えばプラチナ仕様は大手ハウスメーカー、ゴールド仕様は中堅ビルダー、ブロンズ仕様は地元工務店といった具合です。まさにお寿司屋さんの松・竹・梅です。

当時、技術部門に熱心な先輩がいました。長身でメガネを中指で持ち上げながら話す癖のあるザ理数系という雰囲気の人で、昼休みにはいつも寝袋で寝ている変わった人でした。

「分譲部門の資材と抱き合わせで発注すれば、多少は注文住宅用に仕様を変更しても大丈夫」と言って、競合他社のカタログや提案資料を地道に収集・分析してくれました。

そして、分譲部門からの「お下がり」だった三段階の仕様設定を、最新の設備などを採用した注文住宅専用のものに作り替えてくれたのです。我々営業部隊の苦戦するのを見かねてのことです。

これで競合他社に負けない仕様設定ができたと、意気込んでいたのも束の間でした。逆に苦戦する羽目になってしまったのです。

原因は単純なことでした。顧客が比較しやすくなって、余計に価格競争になってしまったからです。

大手ハウスメーカーと競合したらプラチナ仕様、中堅ビルダーと競合したらゴールド仕様、地元工務店と競合したらブロンズ仕様で提案するのだから、比べやすくなるのはあたりまえです。あとは「安いほうに頼みたい」という流れになってしまうのです。

結果として、値引き合戦がエスカレートし「値引きしろ」の大きい方が勝つという構図になります。営業部長は、値引きの決裁書にハンコをつくのがすっかり日課になってしまったのです。

このように、単純に相手を研究すればするほど、その内容を意識すればするほど商品は似てしまうのはよくあることです。比較しやすくなってしまうので、その先にはさらなる競合・値引き・失注が待っているのです。絶対的に自社でしか提供できない「何か」が残らなければ、まず受注できることはないと考えるべきです。

分譲事業においては、その「何か」は「土地の魅力」でした。これは、絶対他では買えない、自社でしか提供できない「何か」と言えます。しかし、注文住宅事業にはそれはなかったのです。当時の注文住宅営業における、その「何か」は多くの場合、営業担当者が顧客から好かれるということ一点だったのです。

当時の大手ハウスメーカーは、大企業であるが故の信頼感も強みでしたが、設定利益率が高く、実のところ「値引きしろ」もすこぶる大きかった。また、肌感覚ではありますが、大量採用された新人営業マンが、年配の施主に好かれて受注するというケースはかなりの軒数だったはずです。（私自身も多くの新人営業マンにしてやられたものです）

似たり寄ったりの多くの競合から一社を選ぶポイントは、最終的には人と金額でした。

情報収集力に劣る昔ながらの工務店は別として、みんな大手ハウスメーカーをお手本にしてきました。競合同士がお互いを研究し合って似ていく過程で、競合関係はむしろ激しくなっていったのです。

現代では戦いの土俵は性能面に寄ってきています。情報化が進展し、私がN社にいた頃よりずっと情報は豊富であり、筒抜けです。性能合戦は、再び「日本全国類似品時代」の様相を呈しているように思えます。

競合・ライバルを詳しく研究すればするほど相手の強いところが気になり、負けないように自社商品を補強しようとしてしまう。そうこうしているうちに御社の商品も気づけばよく似た姿になってしまっています。

「○○認定品」といったふれ込みで、その資材を使うことで設計上の計算や、申請上の書類作成が簡略になることがありますが、これは寡占状態を狙う資材メーカーによる王道の戦略でもあります。そういうものを多用することでも、いつの間にか他社といっしょになっていくのです。

あえて研究するなら、競合商品に足りない部分にフォーカスして「顧客の不満」を探すべきでしょう。ただし、その顧客が御社の想定顧客グループであることが条件です。

これは中小企業にとって重要なポイントです。想定顧客グループの範囲の人でない場合は、その意見は追うべき情報ではないからです。多くのユーザー層の幅広い意見に対応するのは大企業にまかせておけばいいのです。

想定顧客グループを意識せずに何でもかんでも追いかけていると、そのせいで多くの競合他社と似てしまいます。その結果、自ら価格競争の激流に近づいていくことになるのです。この点には十分な注意が必要です。

「コラボ」と称して丸投げを習慣化していないか？

何を目的にコラボするのか

わが国では和製英語といわれる言葉がたくさん使われています。元の言葉の意味とは全く違った意味で使われているものが多く、英語以外の言語に由来するものもあります。特に商業用では元の意味を知る人が少ないあまり、だんだん都合のいい解釈がなされていく傾向があります。

「コラボ」＝コラボレーションは、異なる立場や人による「共同作業」や、その「成果」のことです。この言葉が用いられ始めた頃は芸術分野を指すことが多く、そこには「意外な組み合わせ」あるいは「付加価値の創出」というニュアンスが込められていました。

ところが現在では何でもありになってきて、名前を借りるだけでも「コラボ」みたいなものも散見されます。表向きは「対等」を装った「ブランドライセンス供与」のようなものだったりする訳です。英語がカタカナになって、商業的に和製英語化しているというケースと言えます。「コラボ」といいつつも、自身はお金だけ払って何もしていないとなると実際は「丸投げ」です。

ＹｏｕＴｕｂｅｒ同士がコラボ出演することがよくあります。コラボ（共演）してお互いのフォロワーを一堂に集めて視聴してもらうことで、相手ＹｏｕＴｕｂｅｒのフォロワーから自分のフォロワーをグッと増やせるという利点があるからです。

ＹｏｕＴｕｂｅのフォロワーの場合、お互いのフォロワーをシェア（重複してフォローしてもらう）することに基本的にデメリットはありません。お互いのフォロワーの関心・属性が近い場合などフォロワーを一気に増やす方法としては手っ取り早く、大変有効な手段だと言えます。

住宅建築の場合は、主に設計者などの有名どころとコラボすることがあります。この場合、自社のランク付けを上げる意図が強いように思います。□□先生と「コラボ」と言った途端、「対等」になったようでいい気分です。モデルハウスや規格商品住宅などの成果物が残る場合もあり、客寄せとしての機能も期待されていることは言うまでもありません。

ここまではいいのですが、問題はその後に顕在化していきます。多くの場合、同じクオリティのものが作れないのです。モデルハウスなどを見て、顧客が期待している内容に応えられる再現性が準備されていないからです。

設計者側は依頼のリピートを期待していますが、多くの場合で工務店側にはそんな余裕はありません。中には、最初から「客寄せパンダ」と割り切って、集客した顧客に別の商品を勧めるといった手法で臨む強者も少なからず存在します。

「何を目的にコラボするのか？」ということと、やはり「箔をつける」ということと「客寄せ」なのです。「箔をつける」ということは、文字通り「金箔をつけて美しくすること」からきています。どうやら現代では「ブランディング」といった言い方に化けています。

また、「客寄せ」は「マーケティング」という言葉に置き換えられている例も散見されます。よく言えば上手な「言い換え」ですが、悪く言えば意図的な「フェイク（模造品）」です。こういった「フェイク」を使って偽る習慣が会社全体に根付いてしまうと、厄介なことになるのでこれにも注意が必要です。

この点は理解されている社長が多いのですが、社長自身が言葉のニュアンスに騙されてしまうのはもっと厄介です。なぜなら、社長の多くは自分のことはあまり自覚がないからです。

「コラボ」と称して「丸投げ」してしまう習慣は、知らず知らずのうちに確実に身を滅ぼす結果となります。「自ら成長すること」と「巧みに擬態すること」は全く次元の異なることです。「みんなやっているからいいだろう」ではないのです。みんなやっていても危険なことは危険です。

昔から「人の噂も七十五日」と言いますが、ネット上に書き込まれた評判は「デジタルタトゥー」と呼ばれ、ネット上から消えることはありません。社長はネット社会の便利な面だけでなく、そういった暗黒面も肝に銘じておかねばなりません。

「コラボ」＝「丸投げ」は二流の証

ここで間違えてはいけないのは、単に「権威」や「実例」が目的となってはいけないという点です。コラボで得るべきは拡大再生産する際の「術」と「ノウハウ」の素です。コラボするパートナーを選ぶ際には相手が「権威」「実例」を与えてくれるだけなのか？生き残っていくための「術」や「ノウハウ」を残してくれる人なのか？を社長は見極める必要があります。

間違ってもパートナーの下請けとなって客を探しているような状態にならないようにしないといけません。これはあたりまえのことを言っているようですが、現実を見ていると、どっちが依頼者なのか？対価の支払いと受益の関係が分からなくなっているようなケースは珍しくないのです。

そういう状態にすることを目的にコラボを持ちかけてくる人もいるのです。必ずしも御社の繁栄を願っている人ばかりではないのが現実です。そういう人たちは、特に「丸投げ体質」の経営者の「依頼心」に上手に働きかけてくるので、くれぐれもご注意いただきたいのです。

念のため、ここでカモになりやすい社長の特徴を挙げておきます。

●あたらしいものを次々見つけてくる。あれこれ手を出す。（ここまではいいのですが）その後は社員に丸投げ、社員は「またか」とへきへきしている。別名「兼務製造機」

●腰を据えてひとつのことができない。続かない。けどやめられない。（撤退基準がない）

●知人が増えたり、投資し続けていることに安心してしまう。（知人と人脈を混同する）

●「投資」と銘打って「消費」ばかりしている。（経費を使うことで安心する）

●会社の仕組みやルールがバラバラで、スタッフの属人的要素でそれぞれの業務が回っている。（カオス状態増殖中）

逆に、「術」や「ノウハウ」を学びとる気概のある社長もいます。そういう社長の特徴も挙げておきます。

●ひとつのことを粘り強く継続できる。（だが、見切る時は早い）
●教わる期間を自ら限定している。（守・破・離の時期が描けている）
●「術」や「ノウハウ」が得られたらすぐに実践、応用段階に移す。
●気が向かぬ付き合いはしない。活きた金を使う。投資家の資質がある。
●会社の仕組みが整理・統合されている。

顔が浮かんでくる社長が、何人かいたのではないでしょうか。

自らを「下請け的元請け」にする危険な外注とは

ここで今いちど「下請け的元請け」に触れておこうと思います。新しく出会う工務店の中で該当する会社が本当に多いからです。

似てしまった商品を一定の相場観のある市場で販売するにあたっては、必ず競争にさらされます。そのような市場で下請け業をやっているとなかなか儲かりません。元請けが、川上で利幅を確保できない訳ですから当然です。

よって、可能な会社は元請け業を目指すことになります。その際に手っ取り早いのがVC（ボランタリーチェーン）やFC（フランチャイズチェーン）への加盟、他の工務店・建築家などとのコラボです。その際に起こりがちなことに「元請けを目指しているのに自ら下請け体質を強めてしまう」現象があります。「下請け的な元請け」になってしまうのです。

言葉で読むと奇異に感じるかもしれませんが、実際にはよくあることなのです。特に急激にあたらしいものを導入して元請けになった会社は、受注形態は元請けですが体質的に下請けのままであることが珍しくありません。

例えば、新築の規格住宅を建てる際に図面一式をもらったとします。元請会社は、その図面をもとに現場で工事が進みますが、どうしてそのような図面になっているのかは分かっていません。構造図のチェックなどは申請関係を依頼している設計事務所やプレカット業者におまかせですし、大工さんが下地を組む場合も見えなくなる場所なので材料やピッチなどはおまかせです。

こういうことを繰り返すということは、元請けとしてのリスクは抱えるが下請けとしての力量から永遠に脱することができないということを意味します。

当然、収益力や発展性も怪しくなりますが、大抵の場合はそこには気づいていません。お金を払って図面をもらっているので、そこを楽することが当然と考えていたります。「時間を買う」と言えばカッコよくも聞こえますが、実際には「鍛錬の機会」を失っているのです。

某VC本部で長年のあいだ全国津々浦々を走り回ってこられたベテランの方に、こう言われたことがありました。

「吉岡さん、我々の営業の根幹は工務店の社長の頭からいかに思考を奪うかなんですよ」

これを聞いたときにはいつも温厚で穏やかなその人の顔が、悪魔の顔に見えて背筋がゾワゾワーっとしました。

そうです。そうして各地で軍拡競争を煽り、自らの売り物を自らの頭では考えない体質をつくっていくのだと言うのです。それが彼らの事業の根幹だと。なんとも恐ろしい。

その方は、どうしてそのようなビジネスモデルが繁盛してしまうのか、いろいろな角度から教えてくださいましたが、それ以降、私の中ではすっかり「ＶＣ＝武器商人」というイメージになってしまいました。

こういった「下請け的元請け」体質になってしまう会社の兆候は、外注のやり方に現れることが多いので「ご法度なケース」として例示しておきます。

設計部門の外注でご法度なケース

- **図面は描くが、チェックはできない（したくない）**
- **図面は描くが、施工図は描かない（描いてみない。描いて考えない）**
- **図面は描くが、構造はプレカット屋さんに丸投げ（チェックもお願いする）**
- **図面は描くが、部材は選ばない（何を使えばいいか分からない。考えない）**
- **要するに、契約図面を描くだけ**

こういう会社は、社長が規格住宅に走りたくなります。

施工部門の外注でご法度なケース

●標準図・施工図なしで着工する
●標準図・施工図がないから、分からないから、描けないからまるまる外注する
●元社員に現場管理業務を外注する習慣のある会社（業者探しや発注も外注）
●現場管理者それぞれの作法に委ねる会社（判断基準も委ねる）
●結果的に協力業者が離れていき、施工体制が崩壊する（初めから体制になっていない）

規格住宅スタートで売れてしまうとこのようになりがちです。

自ら考えず他人に答えを求める思考回路（習慣）がこのような状況を招いていきます。「組織は経営者の鏡である」と言われます。始業式間近になって夏休みの宿題の答えを聞いてくる子供のようなものです。つまり「夏休み」という考える期間、自ら考える機会を活かさないのです。

そういう大人がやっている会社に仕事を依頼する顧客は、価格で決める傾向が強いのも当然ではないかと言えます。立場を変えれば至極当然のことではないでしょうか。

そして、読者諸兄姉においては決して思考を奪われることのないよう、ご用心いただきたいのです。

「捕らぬ狸の皮算用」をして現状にあぐらをかいていないか？

市場規模をあてにする愚

多くの社長の中には市場規模が大きいから、成長しているからと、自らの先見性に酔い、大船に乗ったような気分で新規事業に取り組まれる向きもあります。現代のような情報社会になって統計データやその傾向などの客観情報を社長は簡単に調べることができ、安心できます。便利な世の中になったものです。しかし、実は、情報社会になったから余計に怖いのです。

ネット空間に多数のポジティブ情報が溢れていると、本当は裏付けに乏しくても信じ込んでしまうからです。そのような事例はいくらでもあります。人間は都合よく望ましい情報を選択してしまうバイアスを持っているのです。社長業に邁進する人には、特に思い込みの強い人が多いので要注意です。

また、ネットの情報はその人の好みの情報ばかりを勝手に集めて表示してきます。パソコンやスマホは「イエスマン」なのです。しかも相当程度です。社長への反対意見や貴重な進言・苦言を行うことはまずありません。社長の思い込みをひたすら増幅し続ける存在なのです。

身近な例を挙げると、リフォーム事業があります。リフォーム市場はこれから伸びるフロンティア市場だとのふれこみで、もう何十年も前からやっている派手なセミナーがあります。主催者はだいたいＶＣ・ＦＣ本部の類で、たいていは大手です。

確かに、市場としてはゆっくり成長はしていますが、そういうセミナーで勉強後ＶＣ・ＦＣ加盟してからの話で、いい話は聴いたことがありません。

「これから拡大する市場だからいち早く参入した者勝ち」あるいは「これさえあれば御社も急成長」みたいな文言に反応している時点で、その社長の会社の見込みは薄いと言ってもいいです。

成長市場は未成熟なだけであって決して売り手市場である訳ではありません。「ブルーオーシャン＝楽に売れる」は、販売用に「偽装」されたイメージです。

そもそも「これさえあればわが社も急成長」という精神状態の経営者がやっている会社に高額の注文を任せようという奇特な顧客は、これまでもこの先もそうはいないのです。

売り手と買い手の情報格差を利用した旧来からの商売感覚が根強いのが住宅市場の特徴でもあります。それ故に、業界の信頼度がいまひとつ低いままなのです。デジタルネイティブ世代が主たる顧客となる現代では、もうそろそろ認識を改めないといけないでしょう。

リフォーム事業に参入するハードルは比較的低いと言われています。ややこしい計算や申請、規制があまりないからです。ということは他社にとっても参入が容易であるということです。参入が多い市場は市場規模が大きくても、やがて競争の激しいレッドオーシャンになり、修羅場化することは避けられません。

市場に新しい商品を投入した状態では、認知が進めばシェアは増大させることができるかもしれません。その商品が他では供給できないものであれば、さらに人と材を投じて体制を維持拡大することが可能になります。しかし、もしその商品が他でも供給できるものであったならどうでしょう。ましてやFC・VCなど他社から供給されるものであれば、御社のエリアでの拡販が本当に望めるのでしょうか？

「取らぬ狸の皮算用」をする前に、改めて考えてみて欲しいのです。御社が対価を払って容易に導入できたものは、他者にとっても容易ならざる理由がどこにあるでしょう。売れるもの、売れそうなもの、且つ導入のハードルが低いものほど、どんどん他社が参入してくるのではないでしょうか。その際に御社はどうやって拡販するのでしょうか？

むしろ「自らの市場を守り切れるのか？」を社長は考えなければならないはずです。

既契約者をあてにする愚

先にもN社の話をしました。大阪時代にお世話になった総合不動産会社です。

N社では、私鉄の駅まで引き込んだ大規模分譲団地を何箇所も分譲していました。宅地の簿価は低く利幅はものすごい金額で、向こう何十年分の利益が保証されているような団地でした。しかも、ひとつの分譲団地が数千区画という単位です。馬車馬のように新しい企画に追われるアパレル会社から移ってきた私には、信じられないほどの「稼ぐ力」でした。利益の率と桁がまるで違うのです。日本と、地面を掘れば資源が出てくる国ぐらいの違いを感じショックを受けました。

N社の分譲団地にはそれぞれ営業拠点があったことは先に述べたましたが、そこは複合拠点になっていて、必ずリフォーム店も併設されていました。やはり、そこの営業組織も当時の生命保険スタイルでした。店長だけは正社員でしたが営業スタッフは皆、歩合給の大きい契約社員だったのです。

ご多分にもれず、分譲済の建物のリフォーム需要をあて込んでの拠点展開をしていたのですが、経営陣がイメージしていたような業績を挙げることなく複合拠点はまるごと消滅してしまいました。

そういう結果をまねいた要因は以下のようなものです。

①机上の市場規模、自社団地の購入者からの再受注率を楽観的に捉えすぎていたこと

②スタッフを契約社員制度により、目の前の受注と利益に誘導しすぎてしまったこと

③自社で販売した住宅の手直しやクレームを避け続けた後に、リフォーム営業を仕掛ける手法が顧客に受け入れられなかったこと

リフォームの営業拠点では無償の手直し・クレームに加え、実際の受注は小口工事が大半を占めました。さしたる提案もせずに「カウンター営業」を続けていたので当然です。戸建住宅のリフォーム事業では外部塗装・屋根の葺き替えが最も欲しい工事です。段取り的に、ほぼ一社にまる投げできる割に売上・利幅ともに大きくなりやすいからです。でも、やがてそういう工事は専業の訪問業者にことごとく取られてしまうのでした。

収入における歩合比率が高い契約社員制度による雇用では、報酬に結びつかない無償手直し・クレームの対応を誰もしたがりません。スタッフが対応を後まわしにしているうちに、やがて抜き差しならない状態になってしまうのです。顧客が怒り心頭に達した状態で、しぶしぶ店長が頭を下げに行くというパターンを繰り返すことになりました。

こんなことは顧客の立場に立ってみれば明らかなことです。また、このような責任を果たさない連中には新たな仕事を出来るだけ頼みたくないのも「人情」というものです。

N社の分譲団地は豊富な地下資源を有する大油田のようなものでした。それ故に組織全体が土地の魅力にあぐらをかいてしまっていたと言わざるを得ません。それに加えて、随分前からシンクタンクの市場予測で繰り返し叫ばれていた割には、実際のリフォーム需要はどの団地においても顕在化しませんでした。また、新築住宅よりもずっと多くのプレイヤーに受注が分散する傾向は、現在まで綿綿と続いています。

その後、鹿児島のシンケンに入社した際にも、実のところ同社のアフター部門は苦戦していました。鹿児島は強烈な勢力での台風上陸が毎年のようにある地域です。そういう地域でのアフター対応は想像以上のものがありました。被害が出る際には、緊急性の高いケースが一度に集中するからです。

多い年には数個の台風が直撃することもあり少人数の担当者では、やってもやってもアフター依頼が溜まっていく状況でした。会社全体としても新築受注の施工で目一杯であり、とてもリフォームどころではないのが現実でした。

しかし、既契約者からの依頼には必死に取り組んでいました。そのためには、地道に様々なハードルを越えていかねばなりませんでしたが、長い年月をかけて徐々に体制が出来上がっていきました。その結果、既契約者のご子息・ご息女から次々と建築の依頼がいただける状態にまでになったのです。

新築住宅を生業にしている会社が、建てた家で育った子供たちから依頼してもらえる状況を想像してみてください。なんと気の長いことか。理想ではありますが、本音では同業の経営者のほぼ誰もがあきらめる夢です。しかし、これが「長期繁栄の原則」であり「投資の王道」でもあります。(その道のりについては、定期的に開催している弊社セミナーにてご紹介しています)

これまで、ご依頼いただいた既契約者(またはその関係者)からの受注を見込みたい気持ちは工務店であれば皆持つものでしょう。しかし現実として、それを見込んでよいのは「顧客から永く好かれること」に徹してきた会社だけです。特段の努力を払ってこなかった会社には許される事はまずありません。決して一朝一夕に成せることではないのです。

経営者の確固たる意志と覚悟があってのことなのです。

行政の推進分野に傾注する愚

住宅関連投資は裾野が広く、毎年国の経済指標に大きく影響します。よって、住宅工事周りには経済対策の名の下に様々な補助金制度が用意されています。これは最近始まったことではなく、長年継続的に予算化され景気刺激策として続けられてきています。最近では世界的なカーボンニュートラルへの約束を踏まえ、各補助金の要件に性能向上に対する基準が設けられているのはご存知のとおりです。

政府として新しい住宅の性能を誘導していくことで、「脱炭素社会実現」に向けての予算を執行するというものです。補助金の財源は税金です。そういった公費を投入するには、いつの世も「大義」が必要になります。「脱炭素」という「大義」は地球規模であり、国民全体にも分かりやすいものです。

産業へのすそ野が広く経済効果の大きい住宅分野に関する補助金は、環境省・経済産業省・国土交通省と多くの省庁がそれぞれの予算でそれぞれに管轄するメニューが乱立しています。

このように行政機関が推進する分野は、一見すると補助金も充実しており「使わないと損」というような一種の「お得感」を感じてしまうものになっています。

しかし、前述のシンケンでの「スーパーエコ」なる補助金制度の経験からも、あまりここに傾注することはお勧めしていません。
その理由は以下のような点です。

●補助金にかかる様々な負荷と、報酬が見合っていないことが多く発生する（それより大切なもの、会社に残って利益を生み出す「事業の仕組み」に投資すべき）

●同じ「基準」を追いかけることで、結果として競合他社と出来上がるものが似通ってしまう（一定の誘導基準に沿って補助金を出す訳だから、当然そうなる）

●自らはコントロールできない第三者のルールによる土俵で商売をすることになる（純粋な民間工事なのに、公共工事のようになってしまう）

決して補助金の活用そのものが悪いと言っている訳ではありません。体制の整わない会社が、ここに傾注し過ぎると結果として存続が危うい状況に陥りかねないので、あえて申し上げているのです。体制とは、商品・設計・施工、広報・集客・販売などの方針が明確で運営の指針があるかどうかを指しています。

釈迦に説法のような話で、読者諸兄姉からは「あたりまえのことだ」と言われそうですが、中小工務店は外見の商品は多彩で充実しているようでも、内部の仕組みができている会社は本当に稀です。「張子の虎」のような事業構造の会社がほとんどなのです。

もう少し具体的に言うと「依存」が多すぎる構造です。つまり「地力」がないのです。例えば、ソフトやアプリといったソフトウェアシステムや、ＦＣやＶＣからの商品共有を「仕組み」だと自慢される社長がいますが、誤解されている面があります。

彼らの自慢の「仕組み」は単なる「依存」なのです。

恐ろしいことに、それは何かあってその「仕組み」たるものが崩れた時に自前では復旧できないことで気づくのです。

本来社内の「仕組み」というものは、体制が崩れた時にも自前で復旧・継続できる「考え方」でないといけません。つまり「地力」です。「ソフトウェア」は「仕組み」を動かすめの「手段」でないといけないのです。

外部業者は巧みに「依存」を「仕組み」と言い換えて売り込んでくるので要注意です。（さらに補助金つきだったりするので厄介です）

話を補助金に戻します。行政機関には様々な単位・部門があり、管轄する制度において、それぞれの「理屈」でそれぞれの「予算」を使って次々に違った施策を繰り出してきます。

やっと慣れた頃に様式やルールが変わってしまうのも常です。変えなくてもよさそうなところまで変わっていたりして、まるでトラップだらけです。

申請に携わる工務店の担当者は毎回毎回ルールの解読に手こずる訳です。なぜそういうことになるのかというと、それが彼らの「仕事」だからです。定期的に「刷新」して施策の効果持続と不正防止に日夜努めているのです。（本当に徹夜してそういうものをつくり続けています）

●**適切な理屈（方針）にそって予算を確実に執行すること**
●**不正受給を防ぐべく、しっかり書面で裏付けを取っておくこと**
●**各年度の予算執行実績により、次年度も予算を確実に獲得すること**

が、彼らの大切にしている専管事項なのです。

そういう性質を纏った「政府施策」にどの程度かかわり合うかは、社長の大切な判断事項です。

お客様の要望を「カタチ」にしようとしていないか？

「要望を聞くこと」と「要望をカタチにする」ことは全く違う

「要望を聞くこと」と「要望をカタチにする」ことは一見似ていますが全く違うことです。「要望をカタチに」とか「理想をカタチに」といったコピーが住宅関連ではよく使われています。これは従前からの「注文住宅」という憧れマーケティングのなごりでしょう。画一的で型にはまった「建売住宅」に対して、自分たちの希望にフィットする（であろう）自由な設計ができる「注文住宅」を表す表現として活躍してきたコピーです。

ネット社会になって文字情報のコピペがお手軽になりました。そのことで「要望をカタチに」の増殖スピードもケタ違いに増えたのです。今後は生成ＡＩの利用でさらに拍車がかかるかもしれません。

ところが住宅建築は「要望をカタチに」する仕事ではなくなっています。顧客の本来の願いを満たすことのないままに、とっくに市場が「成熟期」に入っているからです。「成熟期」とは市場の成長が鈍化し、売上、利益とも頭打ちになる段階です。よって、供給サイドでは利益の確保しやすい画一的なものが中心になっています。住宅市場はずいぶん前から大企業中心にそういう状況になっていることは周知の通りです。

高額でありながらも「顧客の要望をカタチにする」ということは、視点を変えると「お客に内容を決めてもらって結果責任も持ってもらう」という姿勢です。

「工事を請け負い、住宅を提供する行為」に対する法的責任が増している現代では、そうしてリスク回避したくなるのは無理もない事かもしれませんが、今どきそんな考えで成り立つ業種があるでしょうか？　医者や弁護士が、患者やクライアントに実務方針を決めてもらっているようなものです。（医者や弁護士にも一部そのような人もいるようですが）

元来、住宅産業はリピート受注のサイクルが長く、不動産業と並び「売りっぱなし体質」を続けてきた業界です。同じユーザーに限ると、リピート受注自体がない場合がほとんどでしょう。そこにきて、品確法・消費者契約法・改正民法などの影響により、説明を要する提案からはいっそう腰が引けてしまいました。無論、リスク回避の姿勢からです。

結果として住宅商品の規格化が進み、注文住宅においても顧客要望によりという体裁で契約内容を固めていく傾向が強まってしまった訳です。なぜなら顧客意思によるほうが、いざという時にはより契約上のリスクヘッジとなるからです。

顧客に認識されていない提案をあえて行うことは多くの説明責任を生じさせ、契約上のリスクになり得ることが恐れられているのです。「寝た子を起こすこともないだろう」ということです。

往々にして法律が改正されたり運用が強化される際は、お上に火の粉がかかりにくいようになされる事も多く、やがては誰もリスクを冒さないようになります。その結果として「事なかれ主義」を反映した売り物ばかりになってしまうのです。最近の日本の住宅についてもそういった傾向が強まっていると言えます。

皆そちらに向かい、多数派となっている時世であるからこそ、そちらに行ってしまってはならないのです。市場環境が厳しいほど、経営単位が小さな会社ほど、別の方向に歩むべきです。市場が「成熟期」に入って、将来にわたる顧客の満足を追求すべき時がやってきたのに、大企業と同じ画一的な商品戦略を取っている場合ではありません。それでは到底勝ち目がないからです。

契約のリスクを心配するがあまり、いつのまにか大多数の競合他社と酷似した存在になり、会社消滅のリスクが増大してしまうことを忘れてはいけないのです。「赤信号」をみんなで渡るほど怖いことはないのです。

顧客の意見・要望には耳を傾けるべきです。しかし、単にそれをカタチにして結果責任を施主に持たせるのではなく、要望を基にしつつも専門家として顧客の意識しているレベルを超えた未来志向の提案をすべきです。なぜなら、顧客宅の将来価値を高めることが、他社との差別化、読者諸兄姉の会社の存在価値を決定的にしていくからです。

将来価値実現のためにプロがなすべきこと

単刀直入にお尋ねしましょう。御社の顧客はいったい御社の「何」を買っておられるのでしょうか？　この質問に答えられない社長は、すぐにこの本を閉じてお客様のところに行って訊いてきてください。社長の会社から買っていただいたお客様のところにです。

社長が「何を買ってもらうのか？」が分かっていれば決して「要望をカタチにする」という諂い文句にはならないはずです。「消費者ニーズは多様化した」などと言っているようでは中小企業としては戦いを放棄したようなものです。自分でもよく分かっていないから、お客様に決めてもらわなければいけなくなるのです。社長は、決してそのような状態を続けていてはいけないのです。

また、自社の強みに「業歴の長さ」「実績の多さ」「技術力」「信頼」「担当者の対応」などを挙げているようでも将来は危ういです。将来はおろか明日をも知れません。価値次第では高く買ってくれる顧客にとって、そういうものは大した価値ではないからです。

これからの住宅には、少なくても支払った対価以上に将来価値が必要です。顧客にとって購入時点での価値は期待値でしかない訳です。多くの場合、良き顧客はその期待値を越えようとするつくり手の意思と姿勢を買ってくれます。ありがたい事です。そういう顧客と商売はしなくてはいけません。

既に業歴の長い会社であれば、多くの住まいで引渡しから長い時間が経過しているはずです。よって、古い顧客から「支払った対価以上のものであった」という評価を既に多数獲得しているはずです。そうであれば今後の増客にも期待が持てるでしょう。

しかし、業歴の長さにもかかわらず、そのような評価がさっぱり得られていないとしたらどうでしょう。それは、いつまで経っても「確信」ではなく「期待値」でしか選んでもらえないということを意味します。だから毎年のように新しい商品が欲しくなるのです。それでは新しい出来たての会社以下の存在になってしまいます。業歴が長ければ長いほど、不利に働くからです。顧客に比べられた際には、業歴の短い新しい会社に簡単に負けてしまうはずです。長くやっていて実績がダメな会社より、新しくて業歴がない会社の期待値にかけてみようということになるからです。

自社の「売り物とその価値」に対して漫然と業歴を重ねてきた会社は、知らず知らずにハンディを負っているとも言えます。過去の実績も反省もない会社に、顧客から選ばれる資格はないのです。御社の顧客がいったい御社の「何」を買ってくれているのか？　これから「何」を買ってもらおうとしているのか？　この質問に答えられない社長は何をやってもうまくいかないでしょう。まずは、その単純な問いに向き合って欲しいのです。

社長が「何を買ってもらうのか？」を自問自答することから、全ては始まるのです。

ベンチマークしている他社のものを「まるパクリ」していないか

「ベンチマーク」と称する「まるパクリ」が、昔は「ＴＴＰ（徹底的にパクる）」だった話を先のページでしました。ずいぶん以前の話でしたが、どうやらその精神は表現を変えながら綿綿と現在にも息づいているようです。

どうして「まるパクリ」が後をたたないのでしょうか？　特に工務店業界ではそういった傾向が以前から強い気がしてなりません。

その理由として次のような点があるのではないかと感じています。

- **情報化により情報がネット上に集まることで、環境的にパクりやすくなった**
- **他社研究に熱心なあまり、上手にパクるのが賢い経営だと考える社長が増えた**
- **工務店を取り巻くメディアやＶＣ本部などが「パクリ指南」志向であること**

「まるパクリ」といってもパクれるのは外見だけです。その会社の本質的な「在り方」や「強み」の背景は簡単には見えないからです。そういう意味では、実際にはパクれていないことになります。情報化社会で外から見えるものを真似ても、それほどいいことはありません。「雨後の筍」のごとく現れるよく似たもの、区別のつかないものの中に身を投じることになるからです。

「パクり体質」の社長は出来上がった自社のWEBサイトは一応見ますが、同じように元ネタのサイトを真似た無数のサイトには興味のない人が多いのに驚かされます。

顧客が日常的にそのような「同類」である多数の「パクリサイト」を全国区で見ていることを意識していないのです。いくらベンチマークだとか言っていても、顧客の目からは「パクリ体質」はすぐにバレてしまう世の中になっているのです。一定のリテラシーを持つ顧客を対象とするビジネスをお考えであれば、こんな危険な状況はないと思うのですが、いかがでしょうか。そのうち自分の子供たちの世代が施主となることを思えば、容易にイメージできるはずです。

この章の最後に「パクリ体質」の社長の決定的な問題点を紹介しておきます。「まるパクリ」までとは言わず「ちょいパクリ」の方にも共通した問題点です。

それは、自社の受注における「必勝パターン」をよく分かっていないことです。

「必勝パターン」とは「この状況をつくれば売れる」という客観的な条件のことです。言い換えれば「貴社に依頼しなければならない理由」を顧客に理解してもらう瞬間のための、必要要素とも言えます。

これが分かっておれば商談における受注の再現性が確保できます。つまり、どの顧客に自社担当の誰が対応する場合でも受注を再現できるということです。これが分かっているのと分かっていないのとでは大違いであることは言うまでもありませんが、分かっていない社長が多数を占めるのが現実なのです。

また、この「必勝パターン」が分かっている社長なら不用意に他社の見た目をパクることなど考えないはずです。コンサルティングの現場では必ずこの点を言語化して自分のものにしていただくことにしています。


老婆心ながら、ひとつだけ忠告を。

ネット上のコンテンツをつくる際の注意点です。パクる側ではなくパクられる側としての話です。

技術担当者は住まいのことを尋ねられると、ついつい、どうやってつくるのか？何を使っているのか？を説明しがちです。また、広報担当者は採用担当者などから教えてもらったことを、ついつい、そのまま書いてしまいがちです。

そうやって出来上がった記事は格好のパクる対象となります。競合他社は喜ぶことでしょう。往々にしてそのような記事は『指名受注の導線』には不要であることが多いものです。

なぜなら、顧客が指名したくなるためには「どうやってつくるか」は必要な情報ではないからです。このような情報を必要としている顧客は、価格で御社を比べようとしている人かもしれません。

「指名」されるということは、顧客から「高くてもいいから、待ってもいいからおたくに頼みたい」と言ってもらうことです。社長はこの点を肝に銘じて「指名」してもらうために「何」が必要なのか？をスタッフに指示できなくてはなりません。

第4章

社長が実践すべき『売れる体制』の作りかた

独自の『シンボルハウス戦略』の確立が会社にもたらすもの

自ら漕ぎ出す感覚を取りもどす

顧客には「たまたま客」と「わざわざ客」の2種類があります。

多くの顧客が、来るか来ないかわからない「たまたま客」ばかりだと、会社は不安定極まりない経営となってしまいます。

安定した企業の顧客は「わざわざ客」で占められています。また、そういう企業では顧客の多くがまるでファンやサポーターのような存在になっている点からもそう言えます。

私たちは、そういう「わざわざ客」が特定の企業やお店を追いかけていくような場面をしばしば見かけます。特定の企業やお店が、そのようなうらやましい状態が続けられるのは圧倒的な商品力やサービス力、そして何より信用力があるからです。鹿児島でお世話になったシンケンも、まさにそういう会社です。

こうした企業が実在することを目のあたりにしてしまうと、巷の経営者がよく口にする商圏特有の事情や景気動向による「売れない理由」は虚しいものに聞こえます。

また、こういった良き企業に共通しているのは、顧客の大半が値引きなどを要求しない点です。私自身もシンケン時代には新築だけで173棟の受注に恵まれましたが、一度も値引き対応をしたことはありません。大きな声では言えませんが、大阪のN社にいた時の契約物件は100%値引き契約でした。

良き顧客は、その企業から提示された価格が、商品やサービスに見合った正直な価格であることを理解してくれます。そして、依頼をしてくれた後にも親しい知人や友人に薦めてくれます。まるでご褒美のようにです。

また、その際には誠実にその会社の「真実」を伝えてくれるのです。その会社に顧客が認める「真実」があるからこそです。シンケン時代のお施主様たちも「ウチの家がいちばんいい。シンケンさん本当いいよー。高いけどね♡」といったふうに言って、仲のいい人には薦めてくださったものです。

企業が追求すべきは景気や流行ではなく、本質を秘めた「本物」です。必要とされる「価値」の創造です。単なる「箱」づくりとしての住宅の需要は著しく減少していきますが、本物の「住まい」づくりの需要は決して無くなることのないものです。むしろ増えていくものと考えて良いでしょう。特にマンション物件のリノベーションはこれから望まれる最たる分野かと思います。

たとえ同じカテゴリーの製品でも、何のためのものか、誰のためのものかといったことが、明快であれば他社とは違ったものになります。

逆に、何のため、誰のためを曖昧にすると、一見対象が広くなり売れる機会が増えそうですが、結果は誰からも見向きもされない製品になってしまいます。「創造業」としての経営をモノにするためには、社長が「モノマネではない独自の基準で経営する」という宣言をしなくてはいけません。つまり「社長自身の基準で商売をする」ということです。

そのためには自社の商品が好きで自信が持てる必要があります。そもそも自社の商品が好きでもなくて、どうして社会に理念を伝えることができるでしょう?

元気のない工務店を見ていると、問題の所在は経営戦略やその実施方法というよりも企業の存在目的そのものにある気がします。創業時、あるいは代表就任時には確かにあった「自らの手で漕ぎ出す感覚」が薄れてしまっているのです。

「世の中の役に立つ」という確信があるからこそ事業として力が込められるのに、そのための自信やその背景になるものが手中にないからです。「何をもって世の中の役に立つのか」をはっきりさせる必要があります。

船は自ら漕がないと思った方向へは進めません。凪いでいる時はいいですが、流れが強かったり荒れた際には尚のこと。自らの指針を持ち漕がないと、目的地へ行くどころか最悪転覆してしまいます。

社長が自分でも欲しいと思える住まいが『シンボルハウス』です。

その『シンボルハウス』を中心に事業の設計を行うということは、そのような状況を脱する確かな指針となります。私がコンサルティングを通じてお伝えしているノウハウの礎となる考え方です。

『指名受注の導線』を持つためにやるべきこと

近代の量産システムの原則は「単純化」「標準化」「専門化」と言われています。その流れから「製販分離」が中小企業においてもあたりまえになっています。

しかし、「製販分離」はやがて「製販断絶」をもあたりまえにしてしまい、本当の顧客の声が経営者やつくり手まで届かず、結果として値引きして売ることしかできなくなりました。

「価格」をセールスポイントとした経営では、必ずと言っていいほど相見積もりや更なる値引きを求められ「どれだけ安くしたか」で受注が決まります。このような環境では他社の価格を気にしつつ、利益や人件費をギリギリまで削って見積書を提出することになります。そうしなければ、競争に勝てないからです。

私も大阪のN社時代にはこのような状況を散々味わいました。値引き決裁の時の部長の苦々しい表情は今でも忘れられません。

「吉岡！　これで契約取ってきてくれ！　たのむで」という、ヤケクソというかなんとも悲痛な面持ちです。「ほとんど利益なしでも取ろう、ここで負けたらゼロや。なんとか取ってきてくれ」という本音が露わになっていました。

「販売業」に属する企業はいつも、同業者との価格競争にさらされます。常に競合他社との戦いです。なので、どうしても顧客よりも戦う相手である同業者に全神経が向いてしまうのです。

本来は大企業と中小企業では、使命と責任が異なります。大きな資本力を持つ大企業が対応するのは規模の大きな市場です。

いっぽう、資本力の小さな中小企業が対応すべきは「ニッチ」や「隙間」と呼ばれる小さな市場です。相見積もりや値引きを回避するためには、自らのための小さな市場を作り出すことをいつも意識しておかねばなりません。私が中小企業の在るべき姿を「創造業」と呼ぶ所以でもあります。

「ニッチ」や「隙間」と呼ばれる市場の特徴は、顧客と会社の関係がお互いに顔の見える分野であること、他社がやれない、やりたくない分野であることです。競合相手を出し抜くには必要な要件です。

規模の大小を問わず、面倒な仕事を嫌い、サクッと手ばなれのよい仕事を好む風潮が過当競争を生み、結果として市場を狭めているのです。このような戦い方は、市場規模が急拡大している時のものです。縮小しているマーケットで競合各社は今なおそのような手法で臨んでいるのです。こういった状況を逆手に取ってこそ中小企業の活路が開けてくるのです。

工務店で言えば、継続して需要が見込め、設計・施工の難易度があり、他者にとっての参入障壁があるものです。そういう「ニッチ」や「隙間」に取り組むことで、自社だけにノウハウが蓄積されていきます。

そういうと「そのような発明のようなものは、とてもじゃないがハードルが高いです」と言われることが多いのですが、そう大上段に構えなくても大丈夫です。なぜなら、住宅業界は顧客が満足していない事業分野の最たるものであり、住宅には発展途上な点がまだまだたくさんあるからです。

「有効な選択肢がなく価格で選んだだけ」といった顧客が多くを占める市場です。本当に満足して暮らしている住まい手はまだまだ少数派なのです。大企業と同じ市場で価格を競う選択を捨ててしまえば、勝機は十分にあります。

社長が挫折しないための「正しい体系化」

「住宅」というものは物質的な豊かさの象徴でもあった訳ですが、いつまでもそのようなとらえ方では苦戦は免れません。既に世の中は物質的な豊かさから、心の豊かさを重視する時代になってきています。

日本における物質的な豊かさは戦後の復興期に欧米の様式が多くの分野で取り入れられたことにも起因するものです。それは多分に政治的な面もあった訳ですが、ここにきてその弊害といったものが認識されて心の豊かさへの回帰の流れになっています。

そのような変化の要因として、昨今の日本の人口構成や増加率の変化も無視できない要素であると思われます。

当然、物質的な豊かさから心の豊かさに移行していく中では、より高いレベルのサービスが求められます。それはモノそのものの持つ価値だけでは勝負できないからです。

顧客が感じるサービスのレベルには大きく分けて五段階あります。

まず、第一段階では「義務のレベル」

その業種や企業に法規などで義務付けられているレベルです

次に、第二段階は「当然のレベル」
読んで字のごとく一般的に顧客に対して常識的に行うべきと思われるレベルです

第三段階は「期待のレベル」
顧客が「こんなことをしてくれたらうれしいな」と感じる「当然」の域を出た気の利いたサービスレベルです

第四段階は「感動のレベル」
いい意味で「期待」を裏切る、顧客に感激をもたらす特別なものです

第五段階は「驚愕のレベル」
顧客があっと言うような「見たことない！」「ここまでしてくれるなんて！」といった全く予想外のものです

たとえ中小企業であっても、顧客から熱烈に支持されている会社はたいてい第四段階以上のサービスの提供をしています。また、そのレベルを維持するために常に努力を怠らな

いことも共通しています。

また、彼らはその水準をもって「顧客教育」を粛々と展開します。

「顧客教育」というと何やら上からなニュアンスがありますが、顧客の気づいていない、あるいは諦めているレベルのサービスに気づいてもらうには、顧客にもある種の「教育」が必要になります。高い技術を持っていても、世の中小企業が非常に苦手とする分野です。社長が自社の戦略を打ち立てる時には、この第四・第五段階のサービスレベルと「顧客教育」を実践することを前提に組み立てるべきです。それ以外の小手先のものでは、すぐさま「価格競争」に舞い戻ってしまうからです。

そして「体系的」に整備されることも前提としてください。

「体系的」と言われると誰しも身構えますし、その時点で気が遠くなって「うちには無理かな」と心によぎってしまう社長も多いものです。多くの社長がここで表情を曇らせるので、すぐに分かります。みんな人である以上は無理もありません。

でも安心してください。「体系的」というと「一度に完成・全てを網羅したもの」という印象を受けることが多いですが、ここでお話している意味はそうではありません。

「体系的」とは、色々な情報などを種類や要素別に分け、関連づけてまとめることを指します。そうすることで一気にわかりやすさが増し、情報全体の理解や分析などがしやすくなります。また、それゆえに応用しやすくなります。そうは言っても必ずしも、全部一度に完成している必要はないのです。大切なのは全体的なまとまりを俯瞰して認識できるようにすることです。

事業に必要とされる全体的な「枠」と「要素（中身）」が見えてさえいれば、その枠の中に中身があるものと無いものを区別できるようになります。つまり事業に必要な「枠」と、そこに入るべき「中身」の有無が認識できるかどうかが、まずは重要なのです。

このような事業の要素を見えるようにすると不十分な点も露わになりますので、社長としては社内では扱いにくい事もあると思いますが、ぜひ取組んで欲しいのです。

コンサルティングでは、「事業の設計図」シート・「事業の仕様書」シートを使って、このような体系的に認識できる状態をつくることを最初に行います。（１７７、１７８ページ参照）

取りかかってみると分かることですが、書いたことのないことでも意外と実践していることは多くあるものです。また、社長が分からない点を担当の社員に尋ねてみたりすることも、生きたコミュニケーションを取るよい機会となります。そういうものに光を当てて埋めていく作業は、やがて社内で共有するために欠かすことのできない「虎の巻」として活かされていきます。それは大変使い出のあるものになります。

なぜなら、誰が読んでも大方のところは分かるようになるからです。社長が思っていても、表現できていないことはたくさんあります。日々昼夜を問わず、考えていることばかりでも、残念ながら社員には社長の思考プロセスは分かりません。いちいち説明しないと伝わらないのです。大半の社長は、そのいちいちを省いてしまいます。それだから、社員のみんなに煙たがられるのです。本当は、ずいぶん前から考えてきたことですら、表現の雑さから「朝令暮改」などと言われてしまうのです。

書いたモノで伝えるということを提案すると、誰よりも社長が真っ先に挫折することが多いのは、こういう背景があるものと感じます。なまじ書いたモノにすると証拠が残ってしまい「朝令暮改」イメージに拍車がかかってしまうのではと、意識してしまうからです。

事業経営には終着点はありません。どうせ「朝令暮改」と言われるなら、誰もが読めば分かるようにして臨むことの利点には大きなものがあります。社長自身にも気づきをもたらすからです。なので「苦手」などと言っていないですぐやるべきです。

私自身も色々な会社の社員であった時、社長の言ってることが分かりにくかった経験をたくさんしてきました。「だったら、書いておいてくれたらよかったのに」ということは数えきれないほどです。ですから今、そういった社長の「苦手分野」をそっとお手伝いしているのです。

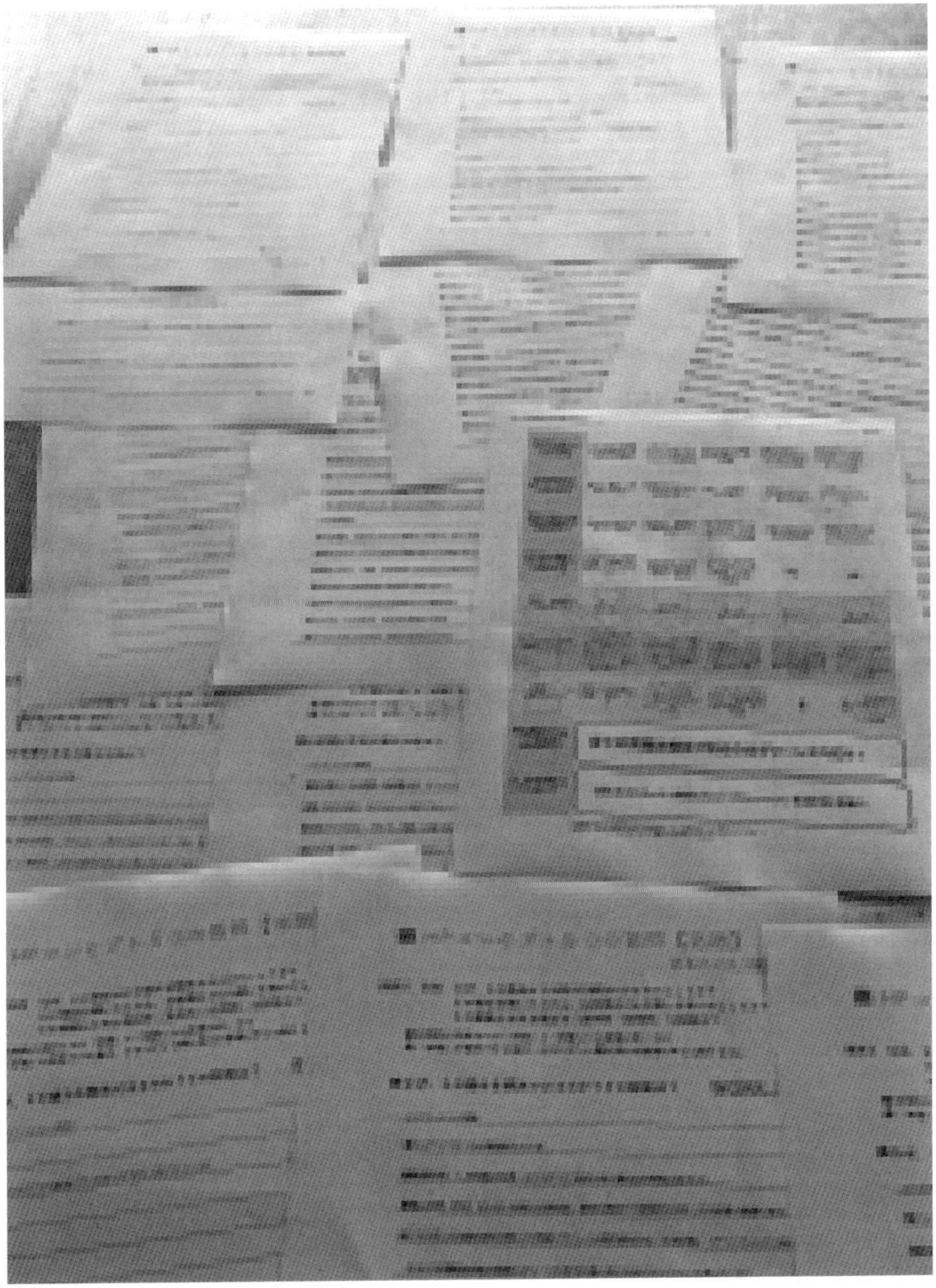

「事業の設計図」シート
社長が描く事業の内容を「見える化」したものです。
「設計図」と言っても図面ではなく、ほとんどは「言葉」です。

※社外秘のため画像処理を施しています

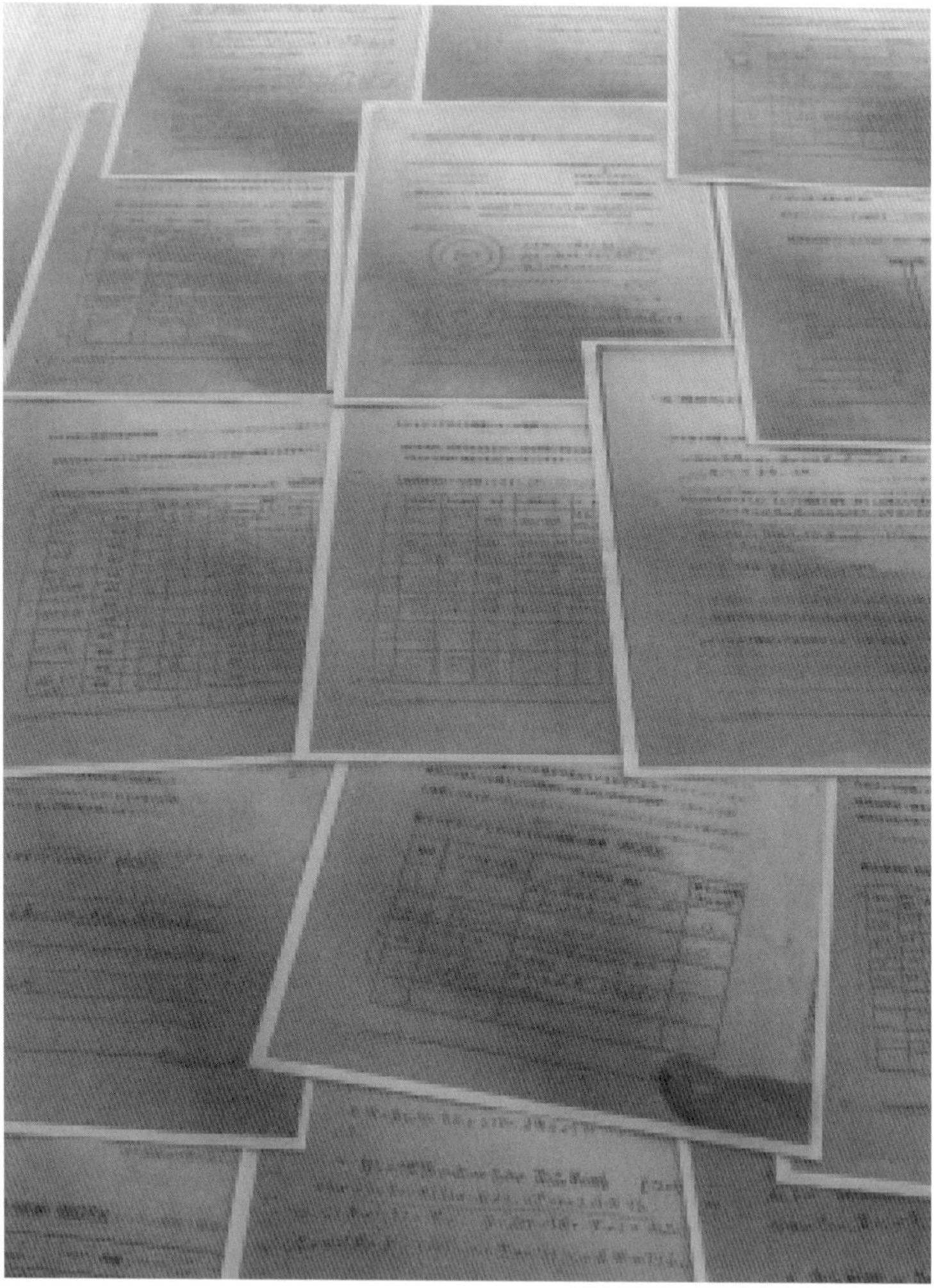

「事業の仕様書」シート
社長が描いた事業の動かし方を「言語化」したものです。

※社外秘のため画像処理を施しています

売れる工務店の受注構造はここが違う

『顧客教育自動化』のためにやるべきこと

役に立たないことや無駄なことを意味する表現として「絵に描いた餅」などと昔から言われます。絵に描いただけでは無駄なことであっても、絵にすら描けないとなると事はもっと深刻です。社長が描けない「餅」は、社員一同永遠に食べる事はできないからです。社長ご本人も例外ではありません。「自動化」以前に「顧客教育」を行うためには、そもそも社長が「餅」の絵を描けないと始まらないのです。

ここで、苦手だからといって食べたくもない「餅」の絵をどこからか買ってきたりすると、その時点で「顧客教育」は似て非なる結果をもたらします。社長は「顧客教育」をやっているつもりでも、それは「顧客撹乱」になってしまうからです。自らが欲しいと思えるもの、情熱をもって提供したいものを持つ企業に「擬態」することは、顧客を欺くことに繋がってしまうので絶対にやってはいけません。社員が顧客に何らかの嘘をつくことになる元凶をつくることになるからです。

「顧客教育」にふさわしいもの、それは経営者の信じる知見や事実です。嘘をついたり、実体よりよいものの如く欺くことではありません。社長のイチ推し、強く推薦できるものでないといけないのです。

またもや、そう言われると、えらくストイックでいばらの道が待ち受けているように思えるかもしれません。しかし、私の経験上の話をさせてもらうと決してそんなことはありません。逆に、会社じゅう吹っ切れるというか、皆が力を出しやすくなるからです。

嘘のない仕事は人の力を増大させます。また、ひとりひとりの力は僅かでも、皆が力を出せるとなると結果は違ったものになっていきます。会社全体では大きな力になるから当然です。

社長のイチ推しは社員にとっては「真実」であり、それを伝えてこそ「顧客教育」と呼べるものになります。また「真実」には、その都度ウソをつくろうアドリブも必要ありませんので、いつでも誰でもどんどん裏付けを増やしていけますし、「自動化」の要件を満たします。『顧客教育自動化』には、社長の情熱と誠実さが必須なのです。

コンサルティングでは、社長といっしょにこの点を最初に検証します。

具体的には、まず前述のような観点から現在の「売り物の確認」を行います。

OKの場合はつぎのステップ「必勝パターンの検証」→「必勝パターンの分解・展開」に移ります。現在の売り物が「売り物の確認」段階でNGだった場合は「売り物の見直し」というステップが追加されます。現在の売り物が社長が欲しいものでなかった場合や、自社で取り組む理由に乏しい場合などは躊躇なくNGです。そこから見直さないと、ずっとそのことを繕い続けないといけなくなるからです。コンサルティングでは、そのような「呪縛」を排除するのが大原則です。

「必勝パターンの分解・展開」まで出来たら、「事業の設計図」が描けた状態になります。「誰に、何を、どうやって、買ってもらえる状況をつくるのか？」といった、肝心なのにボンヤリしていた事が誰にでも見えている状態です。

ここまでは社長といっしょに取り組む段階です。ここからが社内外のスタッフに「指示」する段階となります。これまでの「丸投げ」ではなく、本来の意味での「指示」です。

経営計画書や事業計画書をつくっておられる社長も多いかと思いますが、一般的には数字やスローガンのような要素が大半を占めています。巷のお手本のほとんどがそのようなものばかりだからです。特に、税理士や銀行職員が関わったものは数字が中心です。もらった社員は「いくら稼げ」と言い渡されただけで「どうやって？」は「自分で考えろ！」というスタイルになりがちです。

また、社長が筆をふるったものは座右の銘やスローガンといった解釈に幅のある内容がふんだんに盛り込まれていて、やはり「どうやって？」は「自分で考えろ！」というものが世の中の大半を占めています。

コンサルティングで作成していく「事業の設計図」「事業の仕様書」シートは、社長も社員も最も欲しいのに足りない「どうやって？」を具体化、言語化するものです。これは『顧客教育自動化』には必ず必要なものです。

社員には「自分で考えろ！」と言えても、顧客に「自分で考えろ！」では誰も買ってくれませんので。いくらいい商品が作れてもそれだけではダメで、それが顧客に正しく知られて売れていかないと続かないのです。

「資産」となるコンテンツをつくる賢い方法

シンケン時代に『家づくりの玉手箱』という書籍を出版したお話をしました。２０１０年の事です。独立後設立した会社名もこの本からとりました。会社の多くの予算を使ってまで、どうしてこの書籍を出版することになったのかは既に触れましたので、ここではその内容についてお話をします。

先にもお話しましたように、この本のネタ元は鹿児島の自宅一軒だけです。内容は60話のコラムを集めた１８６ページ構成です。紙が厚いので本の厚みは1センチ以上あります。この本は１５００円という値段がついていますが、会社のパンフレットみたいなものですから、たくさん刷って希望される人にお配りしました。鹿児島市内の図書館や病院・美容室などに行くと、現在でも本棚に置いてあったりします。

分厚い本なので捨てにくいというのもあるかもしれませんが、それ程に広く長くコンテンツとして受け入れられているのです。一般的なパンフレットやカタログなら、もうとっくに捨てられているでことでしょう。

冷静に考えると、たくさんの写真と共に自分の家の普段の様子がまる出しですから、プライバシーも何もあったものではありません。ちょっと恥ずかしい気もしますが、小さかった頃の娘たちも登場していて家族の写真アルバムのようでもあります。

内容は２００２年の暮れに入居してから約８年間の様子を、たくさんの写真と短い文章で紹介しているものです。コンテンツのもとになったものは、当時のシンケンのＷＥＢサイトに掲載されていた社員ブログの記事でした。そのブログのもとになったものは、接客するときにお客様にノートパソコンで見てもらっていた自宅の画像と私が説明として話していた内容です。

いざ書籍にするとなるとブログの文章では文字数が少なすぎたり、画像も印刷用としては解像度が不足していたりと何かと加筆や撮り直しもありましたが、元ネタは基本的に書籍用としてつくられたコンテンツではありません。

書籍『家づくりの玉手箱』（2010年）
Instagramは未だない時代でしたが、内容はSNS的です。
現在はクライアントへの「教本」にもなっています。

とは言っても元々は、れっきとしたセールストークです。しかも「必勝パターン」ばかりを集めてある訳ですから、実のところは「アプローチブック」なのです。

ご存知の方も多いかと多いますが、シンケンでは当時迫社長が全てのお客様宅のプランスケッチを行っていました。シンケンの家と呼ばれる全ての建物は、迫社長の手により生み出されていた訳です。年代により、建物の材料や仕様は変遷していますが、全ての家が迫社長の価値観をまとった家です。言わば「社長すいせんの品」です。

当時で引き渡した家の累計は1100棟に達していたと思いますが、二つとして同じ家はありませんでした。でも、考え方・価値観はひとつのものであり「迫社長であればその敷地でどう暮らすか」といった哲学がそれぞれの家に込められていました。

なので、一般的によくある外構・造園は別途、建物のみ請負って建築といったケースはシンケンにおいてはありませんでした。住まいは建物のみではなく敷地内の外まわりはもちろん、敷地外に渡って住まいの一部ととらえるのがシンケンの価値観だったからです。なので、私たち営業担当者がお客様に何をお伝えするかは明確でした。

そのような価値観で考えられ建てられた住まいが、時間と共にどのような豊かさをもたらすのかといったエビデンスを示すことが、何よりお客様から求められていたからです。

そうなると、一軒の家でもネタとしては十分。むしろあれこれたくさんの実例を扱うよりも一軒の方がごまかしようがなく、変遷が分かりやすいので都合がいいぐらいなのです。

接客の際に紙芝居のように語りながらパソコンで写真をお見せしていた頃、熱心に顔を近づけて覗き込むお客様たちを見て、これらが契約に向けた「必勝パターン」であることには確信がありました。書籍化した内容は約8年分でしたが、たとえ1年であっても住まいの変遷を擬似体験してもらう事が重要な訳です。経営者の軸がはっきりしていれば、この理由や価値を裏付ける擬似体験は「必勝パターン」となり得るのです。

意外にも一軒の家でコツコツ記録されたエピソードは、価値を裏付けるコンテンツの束となり絶大な力を持つに至るのです。そう考えると、これは賢い方法ではないかと思うのですが、いかがでしょうか。

情報空間に「城」を築く意義

読者諸兄姉はＷＥＢサイトの制作や、ＳＥＯ対策についてどのようにされていますでしょうか？どのような人に依頼されているのでしょうか？

インターネット関連分野は、次々とよく分からない横文字や略語が登場してきて厄介な分野です。一般にホームページと呼ばれるＷＥＢサイトをつくる人の中には、プログラムの得意な人、デザインの得意な人がいます。ＷＥＢサイトの制作環境は徐々にテンプレート化（雛形を活用して中身だけ入れる方式）、ノーコード化（プログラムを構成するコードが分からなくても選択式でプログラム変更ができる）といった進化を遂げていて、深い専門知識がなくても扱える部分が広がっています。

また、全てのＷＥＢサイト制作者がＳＥＯ対策に明るいと考えるのは大変危険です。ＷＥＢサイト制作には詳しくても、ＳＥＯ対策の専門知識を持ち合わせていない人のほうが多いぐらいです。さらにＳＮＳやＷＥＢ広告となると、専門分野外であることが通常です。

世の経営者は、自身がよく分からない分野はひとまとめに考える傾向が強いようです。お施主様が、建具屋さんと表具屋さんの区別がつかないのと同じです。

「窓口を一本化して、コストも抑えたい」という願望がそうさせる面もあるもしれませんが、ＷＥＢサイト制作、ＳＥＯ対策、ＳＮＳやＷＥＢ広告全てに通じた人材は意外と少ないのが実態です。実際には住宅建築の際の職人が分業しているのと同じように分業されています。なんとなくＷＥＢ関係の人なら色々と分かっているような雰囲気があるので、世の社長はまるッと任せてしまいがちですが、知っているのと結果を出せるのは別次元です。このあたりは、どの業界も同じなのです。注意が必要です。

よく分からないからと、ここで丸投げしてしまうと、もう一つのリスクが姿を現してきます。それは、一般的なＷＥＢのルールに囚われてしまい、結果としてコントロールを失って決定的に自社の印象を下げてしまうことです。

例えば、ＳＥＯ対策では次のような対応が一般的とされています。

- ●記事の文字数が一定以上多いほうがよい
- ●記事にはよく検索されるキーワードが入っているほうがよい
- ●記事の数は多いほうがよい
- ●更新頻度が多いほうがよい
- ●外部リンクが多いほうがよい

これらは間違いではないのですが、こういったルールに囚われ過ぎると、あっという間にＷＥＢ上で目立つことが目的化してしまいます。そうなるとコンテンツそのものや伝えるべき内容に注意が向かなくなってしまいます。外注先は反響数を増やすことをゴールとしているのでそのようなことは意に介さず、全く眼中にないからです。

その後は糸の切れた凧のように社長の顔となるべきＷＥＢサイトは「捏造記事」で占められていくことになります。そのようなＷＥＢサイトでＳＥＯを高めたり、アクセス数を増やすことに何の意味があるでしょうか？

このように、手段が目的化してしまっているケースは業界の大半で見られます。いかに的外れなことをやっているのかを、あまりにもみんながやっているから気づかないのです。

そういったコンテンツはWEBサイトに留まらず、SNSやWEB広告にも二次利用されてさらに拡散していきます。つまり、本来の社長の「顔」と違う別の「顔」が拡散される訳です。本当の「顔」をもって「顧客教育」をしたいのに、そのようなことをやってて良い結果が望めるでしょうか？

そもそも、それらSEOなどのルールは、胴元であるグーグルやメタなどのプラットフォーマーが定めたルールです。当然のことながら自社の広告収入増加に結びつくように設計されています。社長の本来の「顔」なのかどうかは、社長が監督しておかないと誰も気にしてはくれません。

「城」を築くというのは、社長が狙った特定の顧客が貴社に依頼しなくてはいけない理由となる「裏付け」や「証明」の束をつくりあげるという事です。

言い換えると、そういう顧客のそれぞれが「ピン」とくる有効な切り口を増やしていくということを意味しています。

ここで勘違いしてはいけないことがあります。それは、決して価値観をあれもこれもと拡げる訳ではないということです。特定の同じ価値観の中でそれを感じ取れる「きっかけ」を増やすだけです。なので、ＷＥＢ広告などのデジタルプロモーションでは必ずテストを行い、有効な「きっかけ」の手がかりを得ます。そうして顧客に自社ならではの価値に気づいてもらえる「きっかけ」のパターンを増やしていくのです。もちろん、得られた有効な「きっかけ」のパターンは、チラシやＤＭなどの紙媒体にも活用していきます。

このあたりの「テストにより客観的根拠をもって戦い方を決める」感覚はデジタルプロモーション特有のものです。大半のＷＥＢサイト制作者や紙媒体に慣れ親しんだ人材は、ここは苦手とするところだと認識しておいてください。

顧客と新しい出会いがあった時「こんな素敵な提案があるなんて。知らなかった！」と思ってもらえたとき、多くの場合その顧客は貴社のＷＥＢサイトを一気読みされます。「今回きかせてもらった話は本当なのか？」「依頼すれば期待以上の結果が得られるのか？」を可能な限り確認したいからです。ひとたび欲しくなると金額が大きいほど、また期待が大きいほどに時間と情熱をかけて調べるはずです。

このあたりの感覚は、ご自身をいち消費者の立場に置いて考えていただくと、ご理解いただけると思います。車やバイク・自転車や、海外旅行で宿泊する宿やレストラン選びなどでも、高額のものほどしっかり情報収集されるのではないかと思います。

まさにその時が「顧客教育自動化」の瞬間なのです。お客様に目にする情報は全て社長の「顔」です。守備一貫していなければならないのは当然のことではないでしょうか。

普段お会いするのは、いつもおしゃれで好感の持てる出で立ちの社長ばかりですが、翻ってＷＥＢサイトやパンフレット・ＳＮＳやメールマガジンとなるとてんでバラバラの福笑い状態である会社のなんと多いことか。驚くばかりです。

実のところ、自社のＷＥＢサイトをつくって公開して以来、自分では見た事がない社長もいらっしゃるぐらいです。それは人と会うのに鏡を見ないのと同じことです。つまり、自社のＷＥＢサイトを見られているという意識を持てていないのです。

考えてもみてください。社長ご自身のその日の姿を目の当たりにする人数よりもはるかに多くの人が自社のＷＥＢサイト上の情報に接するのです。希望とあらば24時間いつでもどこでも何度でもです。自由に携帯から見れるのですから。

そう考えると、リアルの現実世界以上にネット上の情報空間に「城」を築く意味は極めて大きい事に、お気づきいただけたものと思います。

「良い住まいがつくれるから売れる」のではなく、「良い住まいをつくれることを、正しく知ってもらえるから売れる」のです。

「受注導線」を自己成長させるためのチームの動きかた

「受注」と「営業」の論争

住宅関係の会社に「営業マンゼロ」を謳う会社をよく見かけます。そんなことが売りになるということは、この業界で顧客から「営業マン」が敬遠されている証でもあります。

残念ながら、そういう会社の多くは「営業マン」という呼称を使っていないだけで「営業マン」に相当する担当者はいます。そういう担当者の中には「建築家」という肩書きの人もいたりします。フェイク社会では何でもありです。「建築士」を名乗るのには資格が必要ですが、「建築家」は自称でOKです。不思議なことに「建築家」の方が「建築士」より響きとして上に聞こえます。

また、別のパターンとして自社スタッフには営業担当は本当にいなくて、外注スタッフで回している会社もあります。そういう外注スタッフはその会社を退職したフリーランスや不動産会社の社員、最近多くなった「無料相談窓口」のスタッフなどなど外注化も大流行りです。実態は「営業マン」の外注化、ステルス化なのです。

顧客から疎まれる「営業マン」などはいなくても売れる体制は工務店の社長にとっても理想ですが、営業マン本来の役割のうちで「自動化」してよい部分と、そうでない部分があります。

高額な住宅関連の支出に関して、お客様が契約に至るまでには大きく2段階あります。前半は「あたらしい価値に気づき、その商品が欲しくなるまで」の段階、後半は「購入するにあたっての課題解決」の段階です。この前半の段階は自動化OK、後半の段階は自動化NGです。「購入するにあたっての課題解決」は「必勝パターン」になり得るからです。

多くの場合、前半の段階では「自分たちには無理かな」から始まり「できれば欲しい」となって「どうしたら買えるか」という心境の変化をたどります。ここの部分を促すのが「顧客教育」です。

シンケン入社から約10年間はこの部分をずっと担ってきましたが、書籍『家づくりの玉手箱』を出版してこのプロセスはある程度「自動化」できることに気がつきました。ただし、経営者の価値観が明確にされていて、それが込められたコンテンツを用意できた場合に限ります。

営業マンとして同じ行為を行っていても、その目的と内容によっては顧客にとってそれは「売り込み」にもなり「指南」にもなります。「売り込み」はイヤがられますが「指南」は感謝されますから、大きな違いです。肝心であるその目的と内容には、顧客に対する「何のために」「何を提供するのか」といった社長の意志が反映されなければなりません。

これが「自動化」する際の条件です。

いっぽう、「購入するにあたっての課題解決」機能は、社長の望む適切な契約内容に整える事と同時に、十分な利益を確保する機能です。「営業マン」という呼称を使う使わないは別として、人が個別に行うべき重要な部分です。「自動化」の対象としてはいけません。

私は2000年にシンケンに入社しました。どうしてもシンケンの家を建てて住みたい。何としても実現するぞと腹は決まっていました。そして「自分が選択した価値観に背くことなく営業の仕事ができれば、それはどんなに幸せだろう」という思いで頭がいっぱいでした。

入社当時、初出勤の折には真っ白の会社ロゴマークが入ったホンダシビックと名刺が準備されていました。車は私専用の営業車で、深緑色のメタリックカラーの新車でした。予め先輩のM氏が私の希望の色をきいて準備してくれていたのです。

大阪のN社では自家用車のボルボを営業用にも使用、見学会用立て看板などを満載したりして酷使していたので会社の計らいには、いたく感激したのを覚えています。

シビックのドアに貼られたSINKENSTYLEのカッティングシートは恥ずかしいぐらいの大きさでしたが、私にとっては自分で選んだ大好きなブランド名です。そのデカさが嬉しかったものです。

後から聞いた話ですが、迫社長いわく「社用車をあてがうのは経費がかかるが、移動カンバンだと思えば安いもの。また、あれぐらい大きく貼り付けておけば、みんな運転マナーも多少はよくなるだろう」とのことでした。

それを聞いて、私は大阪のN社を思い出していました。N社にも社用車はありましたが、ロゴなど会社を特定できるようなものは全くついていませんでした。なので、少々汚れたり凹んだりしていても平気で乗っている人もいました。どちらかというとN社では「運転マナーの悪い社員の車に、わざわざ会社名をつけて目立ってもらいたくない」という感覚だったのだろうなと思うのでした。

こんなところでも、企業体質の違いがよく分かります。


「たくさん配りなさい」と３００枚もらった名刺には肩書きも入れてあって、「受注」と刷ってありました。正直、こちらのほうは嬉しくはありませんでした。

大阪では「販売業」の会社に勤めていた「売り込み屋」体質の私にとっては、存在意義を損なわれたような気がしたからです。「受注」と言われるとN社時代、受け身なのに偉そうにして契約を取っていた分譲営業の人たちが大勢いましたので、その人たちを連想してしまったのです。

大した成績は残せませんでしたが、さしたる優位性もない中で大手ハウスメーカーと戦い、契約を勝ち取る「武闘派」営業マンのプライドがあったのだと思います。

その後、しばらくして名刺デザインを一新する機会があり、シンケンの販売スタッフの肩書きは「受注」から「営業」になりました。「受注」では「お客様から見ても頼りがいがない」「担当者のモチベーションが上がらない」という意見が他のスタッフからも寄せられたからです。

いまから思えばどちらでもいいような話ですが、そのようなことも経ながら、どうして「受注」だったのか？「受注」に込められた販売スタッフの役割は何だったのか？その後の実務を通じて徐々に理解できました。それは次のようなものです。

シンケンの販売スタッフは、

- **「売り込み」や「駆け引き」はしない**
- **「社長の価値観」に触れる機会を可能な限り提供する**
- **「社長の価値観」に共感、欲しくなってもらってからの障害クリアに徹する**

「販売業」出身の私は、それが分かるのに10年近くかかってしまった訳です。

人手不足だからこそ実現した組織的受注導線づくり

第1章の最後で「博多んもん」も黙る、全員営業の形が見つかったという話をしました。ここで、それがどのようなものだったのか？という点について続けます。

その頃の福岡での見込客に、ご年配の紳士J様がいらっしゃいました。J様は生粋の博多っ子。勇壮華麗で有名な「博多祇園山笠」という、毎年の夏のお祭りにも欠かさず参加されていました。文字通りの「博多んもん」です。J様は毎年、山笠の日が近づくとうずうずしながら「生き返る〜」とか「祭りの日だけは男に戻るっちゃけん」と言われていました。

J様との出会いはメールニュースの登録からでした。「シンケンが福岡で家づくりを始めます！」から始まって約1年、やっとのことで「福岡第一号の家が完成します！」というところまでこぎつけたところでした。

最初の頃はJ様、家づくりのことで私の話をきいても半信半疑という感じでした。何しろ福岡県下に一軒も実際の家は建っていませんし、モデルハウスもなければ事務所もなかった訳ですから無理もありません。

そこで、どうにか確信を持ってもらおうと「期待はずれでしたら旅費を全額返金しますから、鹿児島に建っているシンケンの家を見に来てください」とお誘いしたぐらいです。

ようやく福岡第一号の建物が出来上がり、完成見学会の日が近づいていました。本格的な春を迎え「博多祇園山笠」を控えて準備の寄合いも増えてきた頃でした。

見学会は完全予約制にしましたので、もちろんJ様も予約をいただいていました。ようやく福岡での一軒目が完成したのですから楽しみにされています。

しかし、私は社員大工のH君にも背中を押してもらって、見込客の訪問アポイントを優先する方針でした。J様の見学会当日の対応はできません。

初めての完成見学会は、日程を長めに確保することができました。「見学された方々の反応を見たい！」と、お施主様からも全面協力をいただけたからです。そしてありがたいことに来場予約もいっぱいになりました。私以外のスタッフは完成見学会での接客は慣れていませんので、やはり心配になってきました。特に手ぐすね引いて完成を待っていたJ様は、意地悪な質問をしそうで気がかりでした。

そうこうしているうちに完成見学会は始まり、J様の予約の日がやってきました。社員大工のH君をはじめ、私以外の福岡スタッフが総出で見学会対応してくれました。私は終日、見込みのお客様の商談に出向いていましたので、その日の夜になってからJ様に電話をしてみました。来場のお礼と不在のお詫びをすると、思いのほかJ様から褒めてもらえたのです。これは意外でした。

「みんな、えー子たちやね。高いっちゃけど欲しくなってきたー」

お礼を言ってから私は尋ねます。

「ご質問に回答不十分な点はありませんでしたか？」

「いやいや。それぞれの立場からいろいろ話をしてくれたから、満足しとる」

「別々のことばで君と同じことを言うとったー」

「いつも君の言うとるのが嘘やないのがようわかったー」

どうやら心配していたのは、とりこし苦労のようでした。私はほっとしたと同時に、今度はみんなどんな話をしたんだろう？と不思議になってきました。

翌日、休日出勤で見学会対応をしてくれたみんなにJ様対応の様子を詳しく聞いてみました。こんな様子だったようです。

設計スタッフは「どうして詳細図面を描く前に動画を先行させるのか？」

現場管理スタッフは「どうして足場解体の段階で現場打合せを行うのか？」

社員大工は「どうして上棟式はサッシがついてから実施するのか？」

といった、それぞれの分担している仕事のキモになる話をしてくれていたのです。

このとき「全員営業」というのはこういうのを言うのだと思ったのです。なんだかんだと理由をつけて、売上ノルマを分担するようなものではないのです。

「売り込み屋」であった私が売り込めない状況から自然発生したことですが、皆が提供すべきものを理解していればこそでしょう。さしずめ、見学会対応してくれたみんなは「おススメ屋」だったようです。「おススメ屋」は「社長の価値観」への共感から自らの言葉が出るのです。

同じ価値観に立って、それぞれの分野の様々な視点を提供してくれたのでJ様も大満足だったのです。これは、遠隔地への展開で人手不足であったがための発見でした。

私自身も「おススメ屋」のつもりでやっていたつもりでしたが、名刺に「営業」と刷ってある以上、顧客にとってはセールスマンなのです。私がいないほうが完成見学会がうまくいくなんて少しショックでしたが、これは大発見でした。少人数で福岡という新天地に出て行ったことで得られた収穫でした。要員豊富な鹿児島の時は何回見学会を重ねてもこういう発想ができなかったのです。

お客様にとっては、部署も肩書きも会社の勝手な都合です。営業マンである私が話す言葉は、セールストークと思われても仕方ありません。

経営者が用意すべきものは、トークスクリプトなどの画一的な「マニュアル」ではなく、どのような顧客にどのような価値を提供するのか？といった自社の「存在目的」です。

本当の「全員営業」とは、嘘のない接客から始まるのです。

第5章

競合なし、値引きなしの『不戦勝経営』で次世代へ飛躍する

顧客創造手段の進化がもたらす「成長力」

今日的な中小企業のための全員営業の姿

その後、福岡での完成見学会はすべて完全予約制となりました。完全予約制にすると対応できる総組数は少なくなってしまいますが、第1棟目の結果を受けて迷いは無くなりました。そして、見学会のない日常の中でも、思わぬ副産物が得られました。

それは、まさに中小企業における全員営業のひとつの形とも言えるものでした。

それらは次のようなものでした。

①「接客」に対するみんなの視点が変わった

これまでは「接客」は営業担当がやるものであって、その他部門の人たちは責任を持って「接客」を回避する感覚でした。責任を持って回避とは変な言い方ですが、不用意な発言をして営業担当者に迷惑をかけないよう、できるだけ回避するという消極的責任意識を持っていたというニュアンスです。

これは営業担当者によって言うことや商談の持っていき方が違うという前提に立った「忖度」でもあります。商談の運びが担当者まかせで属人的になっているとこうなります。

こういう変な「忖度」は一回目の完成見学会ですっかり消えました。私ひとりしか営業担当者がいなかったことも幸いしました。

②「仕事」の成果に対する基準が共有できた

完成見学会における仕事の成果が「有効な引き合いをつくる」ことであるという認識が共有できました。つまり、不在である吉岡のアポイントを増やすことが契約に繋がるはずなのですが、身ひとつの営業担当者にできるだけ無駄足をさせない方が確率が上がります。

書いてしまうと当たり前のことですが、各自が「引き合い」は何でもいいわけではなく「有効な引き合い」だと意識できたということがキモなのです。

ここで「数より質」という判断が共有されているのは「誰に何を買ってもらうのか」を皆が理解しているからです。重要なのは、単なる「引き合い」が目的なのではなく「十分な対価をともなう価値提供」＝受注を前提としているという点です。

③見学会運営がひとつの「しくみ」になった

「接客」に対するみんなの視点や「仕事」の成果に対する基準が共有できると、自ずと完成見学会の運営方法などが決まっていきました。今回で言えば、完全予約制にすることや営業担当者は不在でいいという事などです。

また、見学会場の設え方にも発見がありました。予約なしの場合と完全予約制の場合では、同じ家でも少し違う事がわかってきたのです。回を重ねる毎に工夫していくうちに気がついたのです。

どうして今まで気づかなかったかと言うと、鹿児島では来場者が多すぎて予約制という発想そのものがなかったからです。多くのお客様の対応を同時にする場合と、予約時間帯を貸し切りでご案内する場合とは自ずと違う訳です。予約制の場合はより住まいに近いものになるので、体験価値が高まる訳です。

「自分たちはこういう目的・基準なのでこういうやり方で行こう」というものは、これすなわち「しくみ」なのです。目的に向かうための選択集とも言えるものでありさえすれば、こういう事で十分なのです。扱いの難しい機械やソフトウェアが「しくみ」なのではないのです。結果的に福岡での完成見学会は次のような点も基本形となりました。

●シンケン福岡事業所まるごとの出張おもてなしの場
●来場予定の顧客のことはスタッフ全員が知って臨む
●スタッフはそれぞれの立場で同じ価値観を語る

来場予定の顧客のことは事前にスタッフ全員に共有されていました。間違っても当日改めて名前や住所・電話番号などを書いてもらうような事はしません。顧客にとって事前予約制である意味がないからです。

こうして、これまで無意識に続けてきた「常識」が変わっていきました。

その後も営業担当者は私ひとりでしたが、こうして完成見学会を重ねていくうちに営業力が拡張していることに気がつきました。

当日対応してくれるスタッフのおかげで、見学会開催中は営業力は数倍になっています。さらに気がついたのは、顧客が顧客を連れてきてくれるようになってきたことでした。

完全予約制である分、その時間帯は見学会場の家は貸し切り状態です。そのことで、まるで住人になったような体験がしやすくなります。

またスタッフ一同、その時間帯はその家族に気持ちが向いていますので、説明・資料やサンプルを運ぶ・お茶出し・子守りなど、その家族のための分業が自然にできるようになりました。

これに驚いた顧客が、有効な顧客を次々と連れてきてくれるのです。評判が評判を呼び、メールニュース登録や資料請求数も自然に増えていきました。

口コミや紹介は、見返りなどなくても思わずやってしまうレベルが本物です。来場いただいて接客する数は少なくても、「接客の質」が新たな来場者を生むということは大変貴重なことです。「有効な引き合いであること」が意識されていることで、このような好循環を生むことができたのです。

このようにして、もうひとつの「しくみ」ができました。それは福岡事業所の業績をつくる「しくみ」です。

具体的に言うと「どのくらいの広告・告知」をして「どのくらいの集客・予約」が得られるのか。そのうち「何軒商談」できて「何軒契約・いくらの売上・粗利益」が得られるかの分母分子を何となく数字で掴めたということです。これが掴めることで「事業」になります。いちかばちかの「博打」でなく、勝算のある「投資」になるからです。

福岡では人手不足の中で一から始めないといけない環境であったが故に、多くを得ることが出来ました。結果として「顧客教育」のかなりの部分をみんなで担う形が作れましたが、そのおかげで営業担当者は「どうしても欲しいと言ってくれる顧客の問題解決」に専念することが可能になったのです。

小集団が成長するための条件とは

結論から申しますと「順番を間違わないこと」です。

その順番の最初にくるものは、まず社長が「事業の設計図」を描き、社員皆に示すことです。

事業とは「必勝パターン」を確立し、その機会や場面を増やすことと申し上げました。従って社長が作る「事業の設計図」には必ず「必勝パターン」を入れておいてください。その上で、どうやってそのための機会・場面を増やすかを考える手順で進めてください。

絵に描いた「餅」は食べることが出来ませんが、食べたい「餅」を絵にすら描かない社長が多すぎることが、そこかしこで問題を引き起こしています。

「事業の設計図」は経営者の意図です。社員にとっては儲かる事業のやり方の「虎の巻」でなくてはいけません。

住宅を一軒建てるのにも設計図書があります。一般的にはその中には設計図＋仕様書がありります。設計図の中には意匠・構造・設備・外構などの図面があり、仕様書の中には標準仕様書と特記仕様書が入っています。

そういう設計の意図を具体化した情報があるからこそ、現場での分業が成立している訳です。言わば設計図書は製販をつなぐ「共通言語」のようなものです。また、それは契約してからの、工場や現場でのものづくりの為のものです。

いっぽうで、会社の事業はどうなっているでしょう。会社の事業の内容には、当然のことながら契約するまでの部分と、契約後の部分があります。

契約までの部分には、契約のための有効な「引き合い」を作り出すための再現性が必要です。また、契約前の段階においても、住宅の施工現場と同じように多くの別々の人たちが関わることになります。その際に設計図書にあたるものが存在しない会社のなんと多いことか。

経営者は社員に対して、新しい仕事を要求することが多くありますが、誰に何をどうやって提供するのかは「自分で考えろ」方式の社長がほとんどです。これを別名「丸投げ」とも言います。たいていの場合、社長ご本人は「丸投げ」をしている自覚がないことが事をより複雑にしています。社員はそれを指摘するわけにはいかなくなってしまうからです。社長にとっては「丸投げ」＝「指示」であり、それが自身の特権のごとく思っているのですから困ったものです。

最近、一部の大企業では少しずつ国際化が進み環境も変わってきましたが、中小企業の多くでは日本語が通じない社員はほぼいません。日本語は共通言語であり、なまじ誰にでも言葉が通じるものですから事業の意図や背景、仕事の段取りなど何も説明もしないのがあたりまえの習慣になっているのです。

「社員が動かない」となげく社長は多いですが、その原因を自らが作り出していることを率直に認識しなくてはいけないです。「社長の事業を手伝っている」というのが、大半の社員の偽りのない正直な感覚です。それなのに、その社長から事業についての説明がなされないのは、よくよく考えてみると不可解なことなのです。

新しい仕事を頼む際に「なぜ、それをしなくてはいけないか」を説明しないからみんな「また仕事が増えるぞ。なんか大変そうだ」という反応になるのではないでしょうか。

経験上、社員は経営者の本気度を常に計っています。経営者が「丸投げ」をして「お手並み拝見」を決め込んでいると、社員のほうも社長の「本気度拝見」と、言いっぱなしでそのまま忘れてしまわないか、様子を見ています。

そのような不毛な「にらみ合い」をしていても何も始まることはありません。社長が新しいことをやろうとしているときに、社員から「今でも手いっぱいです」と賛同を得られない社長は、今一度これまでの行いを真摯に振り返る必要があるでしょう。

ここで、シンケン福岡の話に戻しましょう。「博多んもん」のJ様が私の不在の完成見学会でいたく感激、納得してくださったのはなぜでしょうか。どうしてそのような意外な結果を得ることができたのでしょうか。後にJ様に聞いてみました。

それは、

●何人もの社員から違った視点、違った言葉で同じ価値観を得た

●社員それぞれが自社の売り物を理解し、消費者として自ら選択している

●社員を通じて社長の理念（会社の提供価値・存在意義）が伝わった

ということでした。これは「本物だ」と思ったのだそうです。当時は事務所も看板もモデルハウスもありませんでしたが、そういうことは問題にならなくなったのだそうです。

貴社の組織が「精鋭集団」となるか「烏合の衆」となるかは社長次第です。組織は時間と共にだんだんと「社長の本質」を現すようになるからです。

こうして福岡第1棟目の完成見学会がやっとできた頃、シンケンが建てた社員宅はまだ9棟でした。社長宅をはじめ、ほとんどが幹部の住まいばかりでした。弱冠入社2年で建ててもらった私の自宅が、初めての平社員の住まいでした。本書の執筆現在でシンケンが建てた社員宅は50棟を超えていると聞いています。実に全社員の半数以上です。社員が自社の価値観を消費者として選択することが当たり前になった証です。

「仲間のみんながシンケンの家に住みながら仕事ができるようになれば」という、書籍『家づくりの玉手箱』を出版した頃に思い描いていた姿が現実になった訳です。このようなことは、全国的にもありそうでないことなのですが、これからの住宅業界の当たり前にしていきたいものです。

「成長」と「膨張」の相違を見分ける目を

新しい事業をスタートしたり、既存の事業を大きくするということは社長の「必勝パターン」を確立し、それを再現する機会や場面を増やすということです。ゆえに「必勝パターン」が分からずしては到底、実現はできません。

しかし、実際には「必勝パターン」が分からないままに事業拡大を行ってしまっている会社も多く存在します。

「もっと大量につくりたい」「もっと手間をかけずにつくりたい」「もっと儲けたい」こうした社長の欲求をＶＣや基幹業務の外注が叶えてくれます。ですが、その先には「成長」ではなく「膨張」が待ち受けているのです。

そのような事業拡大を行っている会社の顧客の大半は「たまたま客」でしょう。ということは業績の大半は「まぐれ」のようなものであり、その状態の事業拡大は極めて不安定なものになるはずです。数字の上では成長しているようでも、これは明らかに「膨張」です。

ギャンブルを続けていけば、必ずと言っていいほど撤退しなくてはならなくなりますが、「たまたま客」を対象とした事業はこれと似た側面を持ちます。どこかの時点で負けが込んでくるのに、根拠を持って対応する術がないからです。本書を読んでいただいている社長諸兄姉には、このような「投機」的な事業運営を続ける事は何としても回避していただきたい。切にそう思います。

鹿児島県に屋久島という離島があります。1993年に世界遺産にも指定されたその島には豊かな自然があり、屋久杉という固有種が自生しています。一般に杉というと成長の早い樹種ですが、屋久杉は極めて成長が遅い半面、樹脂を多く含み強い組織に育つ種です。故に樹齢1000年を超える大木になっても悠々とその地に立っています。屋久島は台風接近の折にはかなりの暴風にさらされる位置にありますので、屋久杉の強靭さは相当なものであると考えられます。身の丈にあった成長を地道に重ねることの意味を世に示す生態と言えます。

企業経営にも屋久杉に見習うべき要素が確かにあります。このような経営を目指す社長諸兄姉が本書の対象です。

私が大阪でお世話になったN社でのエピソードを前段で紹介しました。地元密着の分譲事業＋規格住宅で大きく躍進したW社、機動的な外注化を進めながら急成長したものの多ブランド化が仇になってしまったE社などのお話もしました。

これらの会社はいずれも「販売業」であり、建物事業を展開するにあたり大半が「たまたま客」が対象でした。強力な「必勝パターン」を確立する前に大きくなってしまった点も共通しています。

N社の場合は販売用不動産が潤沢であったこと、賃貸ビル事業などの安定収入の見込める事業を持っていたことで、注文住宅事業の撤退という選択が可能でした。ある意味で中東の産油国のような資源王国だった訳です。

W社は土地の仕入れ力という「必勝パターン」がありましたが、やがてそのパターンは使えなくなる時が近づいています。土地の仕入れ力が強いあまり事業規模が拡大、住宅商品が増殖してしまいました。今後は脱土地の「必勝パターン」を確立することが急務です。

E社は成長速度があまりに早すぎて、様々な問題への対応が間に合わずブランドそのものを失うという最悪の結末となってしまいました。

幸か不幸か「必勝パターン」を確立する間もなく事業規模が拡大してしまうと、後に選択できる手段と時間が限られることになります。現実に転換を目論む際には、往々にして苦しい状況に陥ります。

急激に膨張した組織では「丸投げ」がさらなる「丸投げ」を呼びます。なぜなら社内には拡大する多くの仕事をこなす人的資源は育っていないからです。

「丸投げ」の連鎖の始まりは、往々にして社長です。その悪循環を断ち切る時も社長から始めねばなりませんが、組織が拡大し、会社に「丸投げ」体質が拡散してからの対応は困難を極めることは言うまでもありません。


最近スタートアップ企業と呼ばれる企業があります。言葉の定義から考えると日本の住宅関連ではむずかしそうです。しかし、住宅業界の中にもスタートアップ企業のように短期間に成長し、会社ごと売却することを念頭に置いている経営者もいます。こういった会社の成長はものづくりそのものよりもノウハウの開発と販売を目論む人が多いようです。

こういう短期志向の考え方は危うい空気をまとっています。背後にはスポンサー企業の思惑があったりするのですが、多くは「販売業」の典型であり「膨張」志向が強いことは間違いありません。「成長」と「膨張」はどちらも規模が大きくなるので、一見同じように見えます。しかし、その中身は質的には全く違うものです。

経験上、注文住宅を扱う会社で「土地の見たて」を上手にできない会社のつくる住まいは居心地のいいものがありません。ですから、土地の下見の様子や、プランをする前に準備をする敷地図を見れば、その会社のレベルが見えてきます。

「販売業」の面々は土地を選びません。どう選んでいいのか分からないのもありますが、それ以前にノルマに追われて選んでいる場合ではないのです。

「弘法筆を選ばず」と言いますが、住まいの設計の名人は大いに土地を選びます。ホームランバッターがどんな球でもバットを振ったりしないのと同じです。

私がお手伝いできる企業は「創造業」を目指し「成長」志向を持つ社長の会社です。そのような方であれば、本書から学び取っていただける点がいくつもあるはずです。

「成長」だと思っていたものが、いつのまにか「膨張」になっていることは、よほど気にしていない限りよくある事です。ちょっとした経営者の心のゆらぎからそういう結果となることもあるのです。

本書を通じてご縁のあった読者諸兄姉には、ぜひとも自社の組織の中に漂う空気が「成長」なのか「膨張」なのかを見極める目を持っていただきたいのです。

「自分たちの【推し】で新しい市場を獲得したい」がカタチになるまで

【推し】で勝負できる不思議な時代が来た

【推し】とは、とても好きで熱心に応援している対象のことです。

もともと【推し】はアイドルファンの間で使われていた、自分がもっとも熱心に応援しているメンバーを指すファン用語でした。それが広く知られるようになり、いまや一般的に使われる言葉となりました。どうやら、その対象をただ受け身的に愛好するだけなのは「ただのファン」、能動的になにか行動してしまう対象になったら【推し】なのだそうです。

例えば、江戸時代の歌舞伎。好きな役者さんの浮世絵や絵の入ったうちわなどを持つのが流行しました。【推し】という言葉は最近のものですが、【推し】そのものは古くからある歴史あるものなのです。また【推し】は、人だけでなく物や店、特定の場所など様々に対象が広がっています。そして何より【推し】を持つ本人たちの連帯や幸福感の源泉になっているのです。

そうした昔からあるものが、新たな【推し】という表現を得て世に出てくる背景には、現代の「縮小する市場」「均質化する社会」「同質化する供給」への反作用とも言えます。

需要の増加が大きかった高度経済成長の最中では、世の中全体が拡大志向でした。故に大量に売れそうなものをリサーチして商品化するという企業活動が中心となりました。

有名なパーティジョークに沈没船の話があります。

沈みかかっている船から救命ボートで脱出したものの定員オーバーで誰かが海に飛び込まないと、今度は救命ボートが沈んでしまいそうな危ない状況です。

ここで船長が救命ボードに乗り合わせた乗客に向け、出身国ごとに声をかけました。

米国人へ「あなたはヒーローになれる！」

英国人へ「あなたはジェントルマンだ！」

ドイツ人へ「これはルールなのだ！」

日本人へ「皆さんそうしてますよ」

なんとも端的に国民性を表しています。

元々、日本人は同調圧力の強い歴史・文化を持っていますが、戦後の高度経済成長下で、さらにそういう気質が強化されてきました。

しかし、需要が減少する局面に入って、現代では志向の細分化も進んでいます。多品種少量と言われる状況です。大企業においてもこれに対応すべく企業努力がなされています。

しかし、多くの製品は見かけ上、多品種少量を装っていますが、実はよく似たもののバリエーションをつくって、別の「品番」と「ラベル」で販売しているのが実態です。大企業にも多くの諸事情があって、そこまでが精一杯なのです。これには「フェイク」とも言えるようなケースすらあります。

ここで需要と供給に本質的な齟齬《そご》が生まれていますので、本来ならば中小企業の出番のはずです。しかし確かにそこに需要はあるのに、それに応え得る特徴のある価値提供ができていないのです。大企業のマネをしてしまう中小企業が増えすぎているからです。

中小企業と大企業は本来、別の「使命」を持っています。

同じ業界に位置していても生きる世界が違うのです。中小企業の社長は1日も早くこのことに気づき、広範でとらえどころのない市場と決別、特定分野でオンリーワンを目指すべきです。

自分で考え、自分でつくり、自分で売るからこそ生活者に密着した商品づくりができ、社員と取引先の多くの人がつくる喜び、売る喜びを体感できるようになるからです。そして、そこにこそ「価格決定権」が生まれるのです。

「本当は納得いくものづくりがしたい。でも、それでは食べていけない。贅沢は言ってられない」と心に秘めている社長は、ぜひこの点をよく考えてみて欲しいのです。

振り返れば2000年に鹿児島に移って以来、私の仕事のやり方は【推し】そのものでした。鹿児島移住は、自分が欲しくもないものを売り込んで顧客本来の選択を歪める仕事にうんざりしての決断でしたので、必ずしも前向きとは言えない気がしていました。現実から逃げ出すような、後ろめたさがあったからです。

しかし、自分の価値観を満たすものを生業にして顧客に提供できる幸せと、その結果、顧客から強く必要とされる喜びは、何ものにも代えがたい力になることを経験しました。それは、さながら手漕ぎの船で川上に向かって漕ぐのと、川下に向かって漕ぐ違いほどに心身の消耗が違っていました。

そう言うと、必ずと言っていいほど「それはシンケンだったから出来たんでしょ」と言われる方が多いのですが、それが違うのです。

実は私自身もシンケン在籍中はそのように思っていました。しかし、独立後コンサルティングを通じて別の地域、別の会社でも同じやり方をすれば、同じ結果を得られるのです。つまり、再現性があるということです。

簡単に言うと、ちゃんと【推し】をやっているから【推し】てもらえるということです。

このことも是非知っておいていただきたいので、次節でその事例のお話をすることにします。

ひとり社長のゲリラ戦術

ひとり大工の工務店を経営するKさんは、知人から受注したガレージリフォームをマンションリノベーションと銘打ってチラシ集客をすることに…その続きの話です。

そのガレージ事務所は、お茶を入れるためのミニキッチンと机、打合せ用テーブルだけの小さなスペースでした。普段はおひとりの仕事場でしたから、それで十分でした。

Kさんにはチラシをつくってポスティングしてもらいました。休日には近くの山でトレイルランニングで過ごすKさんは体力自慢の屈強な方ですが「毎日の仕事終わりのポスティングはさすがにこたえました」とのことでした。

しかし、ご自身で取り組むことで多くの情報を得ることになります。ただ経費削減のためにやるのではなく目的を持って行動することで、そこから大きな財産を築くための元手が獲得できるのです。私自身もその経験をしていましたので、あえてお願いしたのです。

ポスティング活動を通じて得たものは、後に必要となる重要なことばかりでした。

シンケンでの私の最後の仕事は、鹿児島でのマンションリノベーション事業の立ち上げでした。既存の内装・設備を完全に解体して全部刷新する「フルリノベーション専門の収益事業をひとりで立ち上げよ」と命じられていました。しかも、社内の設計室や社員大工チームはもとより、新築現場をお願いしている業者会の面々も「できるだけ使うな」とのお達しでした。それは「営業だけではなく設計、積算、業者探しや発注、現場管理の全てを自分でやれ」ということを意味しています。

シンケン入社後、福岡事務所の立ち上げ以降「新事業の立ち上げ屋」となっていた私もこのときばかりは目の前が真っ暗。一寸先が見えないような状態になりました。

その後、いろいろな人の力添えをもらって、なんとか条件に合う形で事業を立ち上げることができたのですが、それはそれは色々なことがあり数々の失敗をやらかしました。詳細は紙面の都合もあり、そこは端折ります。（セミナーではちょくちょくお話しています）

この経験をKさんに早速活用してもらうことになりました。Kさんも私の経験則を信頼してハードな毎日を「根性」で実践してくれました。マンションリノベーション事業立ち上げでの私の経験が「ひとり社長」で何でも自分でやらないといけないKさんのシチュエーションと重なるからです。そうしてKさんと私は「あしたのジョー」の矢吹丈と丹下段平のような関係になりました。（古くて恐縮です）

そうこうしているうちにKさんの見学会当日まであと僅かになりました。見学会はKさんにも完全予約制にしてもらいました。当日が近づいてくるとKさんは「日々夕方からチラシをポスティングしていると、これでひと組も来なかったらどうしよう、と日に日に不安が増してきます」と悲痛な面持ちです。

それでも私には確信がありました。チラシに「Kさんの願望」を込めておいたからです。なおかつ、その願望はマンションに暮らす特定の人には必ず共感を得られるものばかりにしましたので、必ずKさんに会いにくる人が現れる、「引き合い」があると思っていました。

その後予約が少しずつ入り始めました。この時点でKさんはマンションリノベーションの仕事を一軒もやったことがありません。予約が入ってきても、それはそれで心細そうです。

見学会当日、私は現場には行かないことに決めていました。Kさんに、ここで慣れない説明で恥をかきたくないとか、誰かに頼りたくなる心を絶ってもらうためです。

また、現場に私が居ていろいろ話したりすると、せっかくKさんに会いにきてくれた人が「私のお客様」になってしまう懸念もあったからです。

現場の追い込みやポスティングで忙しい中でしたが、Kさんには可能な限りの接客の事前準備をしてもらいました。ここでも事前予約制が功を奏しました。事前に誰がどこからやってくるのかが分かっているので、私の方でも前もって対策が立てられるからです。また、実用新案を取得したマンションリノベーションの「プレゼン模型」も、当日現場で活用してもらえるようにしました。

K さん初の完成見学会で活用してもらった「プレゼン模型」（実用新案登録済）
マンションリノベーションのビフォー & アフターを再現できるツールです。

見学会当日になりました。予約数は多くはありませんでしたが、見学中は貸し切りですからゆっくりしてもらえました。午前中の予定を終え、Kさんは屋外に置いたテーブルでひと息ついていました。すると、近所では見かけない高級車がゆっくり通り抜けて行き、また戻ってきました。Kさんはそのとき「きた！」と直感したそうです。

それは午後から予約のF様ご夫婦でした。Kさんは慣れないながらも懸命に接客をされ、どうしてマンションリノベーションの仕事をしたいのかを話されました。

その後、F様ご夫婦のマンションリノベーションを見事受注しました。競合も値引きも全く無しでです。工程に至っても「Kさんの手が空くのを待ってます」というありがたい内容です。Kさんは「おじいさんの時代から大工家系でやってきましたが、こんな受注は始まって以来のことです」と、信じられない様子です。

具体的な現地調査や提案のプロセスでは全面的にサポートをさせてもらいましたが、初回接客でKさんが勝ち取った信頼は本物でした。見学会の現場は木造戸建の事務所リフォームでしたが、そのことはぜんぜん問題にはならなかったのです。

時は過ぎて、F様のご自宅の工事が終わり、完成見学会をさせていただくことになりました。また、仕事終わりにチラシのポスティングの毎日がやってきました。しかし、Kさんには最初の頃のどんよりした感じはありません。今度は本物のマンションリノベーションの実績がつくれたからです。大工としての腕を存分にふるった現場を多くの人に見てもらうのが楽しみでもあります。どこにどのくらいポスティングすれば、どのくらいの予約が入るのか？も少しづつ見当がついてきました。これはとても大切なことです。

当日が近づいてくると、またしてもKさんは不安顔に。「前回は運がよかったけど、今回はそうは行かないだろう」と心配になってきたのです。

しかし、数組の予約の中から第2のF様とも言えるS様に出会うことができたのです。S様は、Kさん渾身のチラシを握りしめています。施主であるF様も全面的に薦めてくださり、F様の部屋とF様ご夫婦の両方に一目惚れをされました。S様は2軒のマンションを所有されており「週末用の住戸をぜひ全面リノベーションして欲しい」との希望です。

その週末用のマンションはかなり遠かったのですが、Kさんは、そんなふうに言ってもらえるならと引き受けることにしました。なぜなら「プランも値段も工期もお任せするのでKさんにお願いしたい」と言ってもらっていたからです。

かくしてKさんは、所有するマンションの部屋に大きな不満を持っているのと同時に、既存の改装実例には全く満足されていなかった（違いの分かっていた）顧客にアプローチすることで「必勝パターン」を獲得しました。

「創造業」（価値共感型ビジネス）の構図
〜Kさんの契約（マンションリノベーションF様・S様）〜

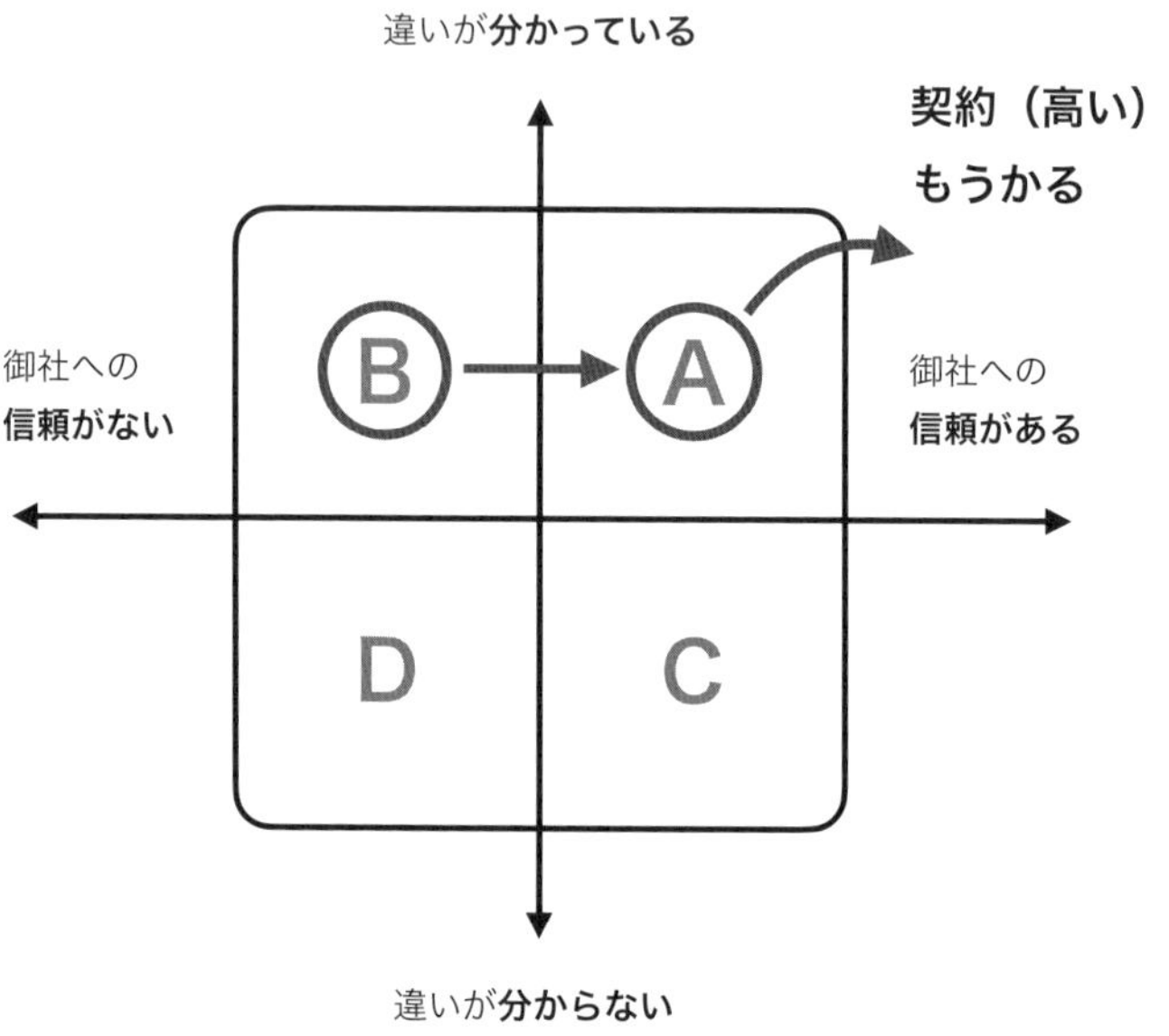

Aゾーン → 競合・値引きのない「指名受注」が見込める本来の「見込客」
Bゾーン → 他社にはない価値を求めているが、御社を知らない「潜在客」
Cゾーン → 御社を知っているが、他社との違いには気づいていない「潜在客」
Dゾーン → 御社のことも、他社にはない価値の存在も知らない「一般客」

©家づくりの玉手箱

「強み」が「弱み」に化けるまでに何をすべきか

H社長との接点は、私が東京で開催したセミナーに参加していただいたのが最初でした。セミナーは会場参加、リモート参加どちらでも可能なハイブリッド形式での開催でした。リモート参加の場合チャット機能を利用することになるので、慣れていないと質問しにくいものです。なので、リモート参加の方には改めて後日行う個別相談の機会を設けました。

H社長はリモートでの参加でしたので会場で直接お話することは出来なかったのですが、セミナー終了後に個別相談に申し込んでいただいていました。

申し込み時にいただいたプロフィールを拝見すると、H社長の会社は外構・造園専業のようでしたから「おや」と思い、私も興味を持っていました。後日、個別相談の日時がやってきました。ご遠方なのでリモートでの面談です。セミナーの内容にすっかり共感していただいて「コンサルティングを是非お願いしたい」との意向です。

その際、伺った概要は次のようなものでした。

●H社長は3代目、現在は土木＋外構・造園＋建築も可能な体制に成長
●売上の70％がハウスメーカーからの紹介受注
●住宅建築にも挑戦し知人宅など数棟実績があるが、本格始動はしていない

ハウスメーカーからの信頼を得て成長してきたものの、その比率が大きくなってしまいハウスメーカー側の受注状況に大きく影響を受ける状態である。顧客からの直接受注による売上構成を増やしていきたいが、どのように営業展開していいのか壁にぶつかっているとの事でした。

成長の源泉であり「強み」であったハウスメーカーからの受注ウェイトが高くなり過ぎて「弱み」になりかねない状況になっているのです。H社長から「一度、建築した建物も見て欲しい」との要請もあり数日後、会社のほうに訪問させてもらう事にしました。

Y字路のようになった交差点に建つ鉄骨造の自社ビルに到着すると、駐車場に接したガラス張りのエントランスから中に入りました。梅雨時で蒸し暑い中でしたが、中はビルトインエアコンで涼しくしてありました。

H社長は締まった体つきでジャケット姿がお洒落です。「少しお待ちください。資料を取ってきます」と2階へ上がっていかれました。

2階が事務所で1階は打合せスペースに使っている様子ですが、見渡すとクラシックな家具が置いてあるかと思えば、資材の入ったダンボールが無造作に積んであったり、明らかに私物らしき多彩な趣味のモノが、ところ狭しと置いてありました。

ほどなく、H社長が降りて来られましたので尋ねてみました。

「ここでお客様と打合せされるのですか？」

「はい。ハウスメーカーのお客様は最近リモートが増えてますが」

その後、いきなりですが厳しいお話をせねばなりませんでした。

H社長ご本人はとても身だしなみの素敵な方ですが、お客様をお迎えする場がこれでは直接受注を望んでも難しい。このような環境だとご自身が客なら頼まないはずです。下請け感覚に慣れっこになる事はこわい事です。

お客様とのリモート打合せも多いとのことでしたので、スタッフについても尋ねてみました。すると、設計提案するスタッフもフルリモート勤務の方もいて、スキルのある主婦層が活躍されているようでした。有効に時間とスキルを活用する点では素晴らしいことですが、反面、提案内容が属人的になる傾向が出てきて今後に向けては頭の痛いところです。

業務効率はいいのですが、提案の質がスタッフに左右されてしまいますし、下手をするとお客様から見た会社のポジションは人材紹介業のようになってしまいます。直接受注を増やしていくためには、会社としての「売り」を全スタッフが提案できるように転換すべきでしょう。課題はどんどん出てきます。

社屋でのミーティングの後、H社長のご自宅にお邪魔させてもらいました。ドイツの高性能部材を取り入れて自社で建築されたばかりの家だったからです。

そこは、真っ白な壁のコンパクトな住まいで、中に入るとひんやりしています。でも、エアコンは見当たりません。小屋裏のエアコン一台で全館空調されていて、断熱気密もかなりの性能のようです。快適さは「すごい」と思ったのですが、正直な感想を伝えました。

「庭やさんの社長の家にしては庭がありませんね。この家を見てお客様が庭を頼むでしょうか？」

H社長は一瞬固まってから、リアクションをされました。

「そうなんです。そこなんです。そこを何とかしたいんです」

その日は、ご自宅で夕食もご一緒させてもらうことになりました。H社長からの忌憚のないお話を聞かせてもらうためです。

ハウスメーカーの紹介案件は、いい時は安定してどんどん受注があるし、打合せも3回までと決まっていて手離れもいい。顧客も多くは望まない人が多いので対応がしやすく、リモートスタッフでも安心できるのだそうです。

一方でH社長は「予算ない。工期ない。提案余地もない。の三拍子揃ったやりがいのない仕事です」とも話してくれました。スタッフのモチベーションが上がらないのも悩みの種だそうです。どうしても「こなす」仕事スタイルになってしまうからです。

ドイツの高性能住宅を勉強して、差別化をした建物なら勝負できると考えて取り組んでみたが、あっという間に高性能住宅も「普通」になってきて差別化にならなくなってしまい、積極的な事業展開を保留しているとの事でした。経営規模が大きくなり、売り上げも人も増えたものの、安定経営はどんどん難しくなってきたのを肌身で感じてきたのです。

「庭を活かした商売で、元請け会社としての地位を確立したい。その上で次の世代に繋ぎたい」これがH社長の偽らざる本心でした。

私は、鹿児島の自宅を見学してもらうことを提案しました。庭を活かした住まいの真価を見てもらうためです。その上で、今後を考えることにしたのです。

自社のための新しい市場をつくった社長

鹿児島の自宅にはH社長だけではなく家族みんなで来られました。シンケン時代の書籍『家づくりの玉手箱』は既に読まれていましたので、庭と一体で考えられた住まいで20年後に得られる居心地を実物で体感してもらうのが今回の目的です。

到着されると、まずはぐるっと周辺の様子のインプットから始めます。子供たちはひと足先に家の中に突入、一気に屋根裏部屋まで登っていきます。

見学は数時間におよび、みんな2階の木陰のバルコニーや風の抜けるリビングでまったりしています。子供たちは「今日はここに泊まるんでしょ？」と、すっかり落ち着いてしまっています。H社長は「よく考えられた庭が、いかに居心地に影響するのか？すごく身近に感じることが出来ました。大人の自分たちも帰りたくないです」と楽しそうです。

「もう一軒家を建てたくなるね。建てたばっかりだけど」と奥様も笑顔です。

H社長は根本的に選択を誤りかけていたようです。これから売れるものは何か？近隣他社と差別化できるものは何か？というアプローチでドイツの高性能住宅に結びついた訳ですが、肝心の「H社長の会社が取り組む意義や、顧客が同社に頼まないといけない理由」が希薄であったことで、すぐに競合状態になってしまったのです。

本気の商売は小手先ではダメです。「庭を活かす商売」は一生をかけて取り組む価値のあるものです。時を経てその「結果」としての居心地が現れてくるからです。

その反面、求められる「ストイックさ」も相応なもので、その部分は私自身も鹿児島に移ってからとことん経験してきました。

H社長には、その両面を理解していただく必要がありました。帰路につく頃にはH社長は腹を決めていました。

「庭を通じてこんな居心地を提供できる会社にしたいです」

「これなら競合・相見積・値引きから卒業して、みんなが仕事に打ち込んで成長していけそうな気がします。長期戦になるかもしれませんが、どうやった実現できるかお力添えをお願いします」と言って、家族で鹿児島を発たれました。

私のコンサルティングは大きくふたつ「自社にあった顧客のつくりかた」と「社長が本当に売りたい商品づくり」です。

前者は主に広報・営業といった分野、後者は設計・施工といった分野が大きく関わります。売り物を持つ社長には前者のみ、売り物から見直したい社長には前者＋後者という取り組み内容になります。

H社長の場合は、前者＋後者が必要になった訳ですが、本業ではない分野の展開であり人材面、資金面でもより計画性が必要です。

そこで、私は次のような提案をしました。

①本業の外構・造園事業で直接受注の別ブランドを立ち上げる
②建築工事はマンションリノベーション事業からスタートする
③新築住宅は当面受注を控える

理由は①については、本業の外構・造園においても「庭を活かす居心地」を発信して社長の提供したいものを明示する必要性があることと共に、本業においても自社への『指名受注の導線』が構築可能と判断したからです。

②については商圏内で主要取引先であるハウスメーカーと競合しない事業で設計・生産体制を構築することが先決、また商圏内でマンションリノベーションの需要が十分見込めるためです。そして、マンションの部屋にも「庭」の要素を組み込んだ提案は可能だからです。

③については新築事業は関係する法規・資材・業者が多く複雑です。また、庭を活かした提案を確立するには学んでいただくことも多くあります。故に体制が整ってからの第二段階としたのです。

そして「社史の残像」のような物だらけの社屋の1階は、改装リニューアルも合わせて検討するよう提案しました。ひとり大工社長のKさんの例もありますので、必ずしもモデルルームなどは必要ないのですが、自社ビルですから現状ではイメージが良くないのと、道路からも目立つ立地で活かさないともったいないと思ったからです。資金的にも大きな投資になりますので、補助金獲得とも合わせて事業計画を練ることにしました。

コンサルティングで基本方向を定め、「事業の設計図」に取り掛かり始めた頃のことです。H社長から連絡がありました。

「新築の引き合いが出ました！　吉岡邸の話をしたらめっちゃ気に入ってくれて！」

私は、正直のけぞりました。あれほど「新築は第二段階ですよ」と、念を押しておいたのに…。

「もう一度、鹿児島にお連れしてもいいですか？」

H社長のテンションはすでに最高潮です。

「自分でも欲しい、住みたいと思って話していたらこうなってしまいました」

「いままで集客に苦労していたのは何だったんだろうと思います！」

社長を信頼している人は、社長が「自分でも欲しい！」といえば安心して頼んでくれるのです。社長の【推し】が日頃の信頼に「強力な違い」を加えたとも言えます。「鬼」に「金棒」ならぬ「社長」に【推し】です。新築住宅は当面受注を控える方針でしたが、このような「引き合い」は『指名受注の導線』という点では望むところです。お施主様と共に再度、鹿児島訪問をしてもらうことになりました。その際にはH社長のご両親＝先代ご夫婦も一緒にお見えになることに。あまりの急展開に心配されてのことだったのでしょう。

その後、なんと新築案件は見事契約となりました。庭を活かす住まいの提案第一号です。

その助けとして「日照変化シミュレータ」で設計を支援しました。これも実用新案によるもので、室内でも年間の太陽の方向と陰の再現ができるツールです。

「日照変化シミュレータ」（実用新案登録済）
日本全国における年間のすべての太陽光と陰が再現できるツールです。

そして、時間はかかりましたが無事補助金申請も採択となり、懸案の社屋1階の改装も進み、完成にこぎつけました。新しい売り物とそのための「必勝パターン」を整備して会社のみんなに展開できる準備を整えました。その「必勝パターン」を掲載するための、新しいWEBサイトやアプローチブックを兼ねた配布資料などの布陣が完成、いよいよ組織的な集客段階に入ります。

「必勝パターン」は、一般ユーザーを対象とした「B to C」だけでなく、企業を対象とした「B to B」のパターンも構築できました。その全てがH社長が目指した「庭を活かした商売」のためのものです。地元の土地を仕入れて開発、宅地化、建物までワンストップで手掛ける、小さなまちづくり事業の構想も将来目標として生み出されました。全てのプロセスを手掛けることのできる施工体制はすでに整いつつあったからです。

H社長の元ではもう一つ大きな変化がありました。社長が【推し】を口にするようになって、あたらしい仲間が集まってくれるようになりました。社長のフライングで獲得した新築案件の現場を通じて腕のいい職人衆との出会いもありました。みんな自分のできることで顧客に喜んでもらい、強く必要とされたいのです。H社長は「案ずるより産むが易し」行動の人です。ちょっとハラハラしますが、組織で回るしくみを纏《まと》えば大きな成果になっていくはずです。こうして行動した人だけが変化を仕掛け、結果をつかむのです。

「創造業」（価値共感型ビジネス）の構図
〜H社長の契約（いきなりの新築契約）〜

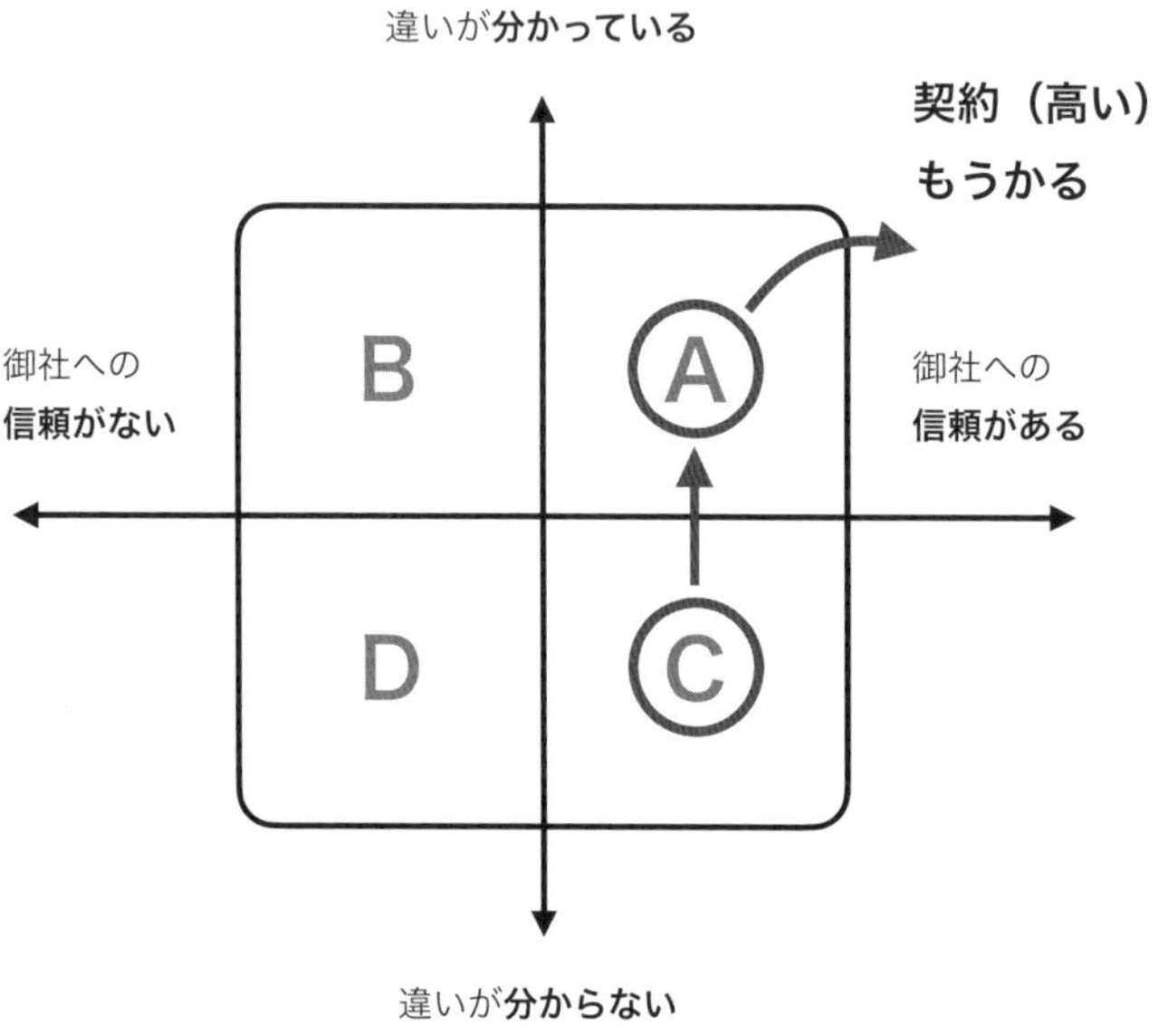

Aゾーン → 競合・値引きのない「指名受注」が見込める本来の「見込客」
Bゾーン → 他社にはない価値を求めているが、御社を知らない「潜在客」
Cゾーン → 御社を知っているが、他社との違いには気づいていない「潜在客」
Dゾーン → 御社のことも、他社にはない価値の存在も知らない「一般客」

© 家づくりの玉手箱

「価格決定権」を次世代に渡すのが社長の責務

「価格決定権」は誰が持つのか？

「下請けの話がきたら0．2秒で断る」

シンケン時代に迫社長がよく口にされた言葉です。理由は「価格の決定権を失う」からです。また「自らが信じる価値観に基づく仕事ができなくなる」という決定的な理由もあります。

この2点は対をなすものであり、「自らが信じる価値観に基づく仕事」だからこそ「価格決定権」を持てるのだとも言えます。

シンケン在籍中は「安く売る」ことではなく、どうしたら「高くても買ってもらえるか」に頭を使うようにと、いつも言われたものです。

そう言われても、営業担当としては顧客の購買力の限界というものもあります。正直、当時の私は大いに困惑しました。

でも、いつもそう言われていると「何とかしよう」とだんだん知恵が出てきます。保険や家計全般の見直し、融資を受ける金融機関の選択や交渉、土地購入条件の逆提案、資産運用手段の選択や、税負担軽減を絡めた親御さんからの資金援助指南など、あの手この手でがんばりました。

しかし「安く売るため」か「高く買ってもらうため」かで、やるべきことは全然違ってくるのです。そして、いつの間にかそういう知恵が「売り」になって、ご指名での依頼が増えてくるようになりました。

シンケンは元々「庭と一体となった設計」や「自然素材と空気式ソーラーシステムを組み合わせた健康的な仕様」など強力な「商品力」を持っていました。しかし、予算額は地元の平均を大幅に超える水準が必要であり、まさに「高嶺の花」でした。

それでも営業スタッフが「高く買ってもらえる」為に様々な解決のためのアプローチ、つまり「必勝パターン」を持ったことで、いつしか「家」という商品だけでなく「課題解決力」もが依頼獲得の源泉となっていったということです。「必勝パターン」とは、こうして生まれてくるものなのです。

迫社長の言葉のとおり「下請け」には「価格決定権」を持ちづらくなる傾向はあります。しかし「元請け」だからといって、必ずしも「価格決定権」が持てるというものではないことも本書でも紹介したとおり「現実」なのです。対価を支払って買ってもらう顧客が納得しなくては、結局取引は成立しないからです。

そういう意味では「価格決定権」は、最終的には買い手である顧客にあると言ってもいいのです。当事者双方が合意して初めて取引が成立するのですから、そう考えるのが正しそうです。

提供するサービスや商品をできるだけ高い価格で買ってもらうためには、商品・サービスのレベルを上げるしかありません。

前章で紹介した五段階のサービスレベルで言うと、第一・二段階の「義務のレベル」「当然のレベル」ではまず話になりません。第三段階の「期待のレベル」でも難しいでしょう。そこまでの商品・サービスはごまんと存在し、必ず他社と比較をされるからです。その場合「価格決定権」は手中からあっさり離れていきます。

「高く買ってもらう」ということはすなわち、競合があるようでは困難です。そう考えると第四段階の「感動のレベル」以上でないとその資格はないでしょう。どうせ頭を使って苦労をするなら、目指すべきは第五段階の「驚愕のレベル」です。他社と比べるべくもないような「商談」をあたりまえにするのです。

「驚愕のレベル」と言われると、またしても気が遠くなった社長もおられるかもしれませんが、それは「商品」だけで考えるから難しいのです。

「必勝パターン」は「商品」だけではありません。その多くは「商談」の中でこそ見つけられるものです。それらを総合すれば「驚愕のレベル」は決して難しくはなくなってきます。その顧客にとっての「驚愕のレベル」は様々な形があるのです。

ビジネスにおいて他社と戦うということは、品質、価格を競い比べられると言うことです。そうすると勝ったとしても少なからず犠牲を払うことになります。

ビジネスの分野でも「戦わずして勝つ」とよく言われます。消耗を強いられる戦いをできるだけ回避して勝敗を決するのが善という考え方です。

別の視点から見ると「戦わずして勝つ」ということは本来、戦術に優れ、良い策を持っていれば敵と戦うことなく勝てるということも意味しています。我々のビジネスに置き換えると、それは「感動のレベル」「驚愕のレベル」を貫くことなのです。

戦う前から「驚愕のレベル」を目指す経営・思考を重ねることによってのみ「価格決定権」は確立できます。その先に「戦わずして勝つ」状況をつくり出せることは、私の見聞きした多くの実例からも明らかなことです。一朝一夕に成すことは難しいですが、勝機を掴む方法はいくつも存在します。

また、一朝一夕では難しいからこそ、挑む価値があるのです。すぐに出来ないことは、すぐさま諦めてしまう社長が多いからです。

引退までに社長が必ずやるべきこと

社長の最大の仕事は次の三つです。

①進むべき方向を全社員に分かるように示すこと
②全社員が成長に向かって努力できるよう環境を整えること
③後継者を発掘し育てること

私のコンサルティングで作成していただく幾つかのものが、この最大の仕事の役に立ちます。「事業の設計図」が①の助けになります。また「事業の仕様書」が具体的に②を示すものになります。これらは人を育てるしくみとなり③についても間接的に支援材料となるでしょう。

商売で成功されている社長の多くが、この3点でつまずかれる事は意外と多いものです。後継者がなかなか決められないという事態も珍しいことではありません。この原因は多くの場合、社長が後継者を選ぶ範囲が狭すぎることです。

「こんな苦労を子供にさせたくない。本音では継がせたくない」「でも自分が起こした事業は子供に継いで欲しい」という親としての心が邪魔をしてしまうことも多いようです。

経営者と親という立場の間での葛藤は、心情としては理解できるところですが、社長の目の黒いうちに「継がせたい事業」につくり替えて欲しいのです。葛藤の元凶は自社の事業が継がせたい魅力に欠けることにあるからです。また、多くの中小企業でありがちな、そうしたことが日本の活力を落とす素因にもなっていると感じるからです。

誰もが分かる明確な指針のない企業の社員は、舵のない船に乗っているようなものです。仕事を通じて「幸せになりたい」と思っている社員や新しい住まいを得ることで「豊かに暮らしたい」と望む顧客が、そんな企業にわざわざやって来るでしょうか？

何のために在る会社なのか？ 誰のために何をする事業なのか？ といった、いわゆる「経営の基本」を会社のＷＥＢサイトにきちんと掲載しているような企業が極めて少ないのはなぜでしょうか？

それは本気のものではないからです。存在していたとしても「社外秘」と書かれたファイルに綴じてあったりして、実際には社員への訓示、戒め的なもの、株主向け、金融機関向けみたいなものもあります。

これからは、もう「社外秘」などと言っている場合ではありません。自信を持って顧客に提示できる言葉を持つべきです。それが「顧客からの指名受注」と「全社員の成長の原点」になるからです。これがあるのとないのではその先は天と地ほど変わってきます。まんまるの「芯」の整ったボールをイメージして、ぜひ取り組んでいただきたい。「違う」と思えば書き直せばいいのですから。

それにしても、このような「事業の設計図・仕様書」のようなあたりまえのものが、どうしてあまり見かけることがないのでしょう。「経営計画書」の実例や指南書を多く読み漁ってみることで、その理由が分かりました。

まず共通していることは、どれを見ても従業員に明日からどうすればいいのか分かるように書かれていません。概して、社内ではなく金融機関や税理士などの「外部から評価される」ことを前提とした佇まいです。

そして、えらく重装備です。この手の「経営者向け情報商材」は高額で販売されるためか、必要以上のボリュームと小難しさが特徴です。

ここにも「大企業の模倣が正しい」という、間違った前提が横たわっている気がします。中小企業はもっと実務的に、単純に考えることを強く推奨します。

いつの間にか元気がなくなっていく中小企業はたいていの場合、やってはいけない競争をやってしまっています。それは大きく3つあります。

①**価格競争**　②**品揃え競争**　③**社員間の過当競争**　です。

①と②はこれまでも実例を挙げて本書で紹介してきました。

価格競争は我々のような大量生産に向かない建設業では自殺行為です。また、品揃え競争もしかりです。建設業が小売業化、コンビニ化してどうするのか?そんなことをしたら「膨張」はしても「成長」に対しては阻害要因になるはずです。

多くの場合、価格競争が品揃え競争を産み、社員間の過当競争に発展するのです。そして「目標」という名の「ノルマ」が横行することになっていきます。

本来「目標」は各自の目指すべき成長の水準を示す言葉として使うべきものです。いっぽう「ノルマ」は会社の利益目標の頭割り、達成しなければ評価が下がることになります。この違いをあいまいにする経営者の「二枚舌」は全社員が見抜いています。バレていないと思っているのは社長だけかもしれません。

手本を間違えると、やればやるほど物事がズレていくのは当然のことです。これに気づいて「自らの条件」で社長の仕事に向き合えば、活路は必ず見えてきます。

「拠りどころ」を作り上げ、将来への楽しみを手に

「拠りどころ」と聞くと、会社そのものや組織集団を連想する人が多いかもしれませんが、ここで言う「拠りどころ」は違います。

社長が顧客に提供したいもの、その考え方を指しています。つまり「価値観」です。

それは、現状では夢のようなものかもしれませんが、それでもいいのです。

その夢に共感、集まってきてもらってこそ社員は「人財」となり、顧客は会社の「宝物」となるのです。その事は本書で紹介した様々な体験が示しているところです。

何をするにしても相応の苦難はありますが、社長が築いた「拠りどころ」のある事業はどこでやっても何度やっても好ましい結果になるのですから、間違いありません。

人間は集団の中に身を置きたい動物、自分の居場所を求める社会的動物と言われますが、それ以上に誰もが望むことがあります。

それは人の役に立つ、人に必要とされる、人から褒めてもらうということです。

一見単純なことのようですが、人間いくつになってもこれを続けるには多くの努力を要します。それゆえに、企業活動は『人財育成業』であるべきでしょう。

その原動力となるべき大義を示し、人が人から必要とされ、褒められるしくみを自社につくるのが社長の使命です。その結果として会社の利益や永続がもたらされます。

このような会社の「芯」となるものが変われば、最初は小さな変化であっても後々には驚くほど大きな成長に結びつくことになっていきます。

会社経営にはそれぞれの事情が色々とありますが、うまくいってないのは「順番」を間違ってしまっているだけなのです。

刃こぼれして切れなくなっている刃を研ぐ間もなく、力まかせに使い続けているよりも、時々刃を研ぎ臨む仕事のほうが多くを生み出すことは誰もが知っていることです。勇気をもって物事の順を変えれば必ず現状を打破、状況を好転させることができます。

会社の事業に変革をもたらし、本当に望む結果をもたらす本物の実務ノウハウというものは確かに存在します。それを活用し、自社のものにすることも十分可能なことです。ただし「代わりにやってもらおう」と考える自らの弱さは捨てなければなりません。

そのような「丸投げ志向」では決して自社のものにはならないですし、いずれ身を滅ぼすことにもなりかねないからです。社長自身のそういった弱さと決別し、打ち勝つことができれば事業の好転は半分はできたようなものです。

どうぞ、子供の頃を思い出してみてください。自転車の練習をしていた頃のことです。自転車は、買ってもらって眺めているだけではいつまで経っても乗れるようになりません。

また、行ってみたいところがあっても、自分の足でペダルを踏んで進まない限りどこにも行けはしません。ですから、来る日も来る日も練習をされたはずです。

そのとき一緒に練習を手伝ってくれた人がいたのではないかと思います。お父さん、お母さん、人によっては兄弟姉妹か友達だったかもしれません。現在の私はクライアントの事業に関して、その役目をしているだけです。

建設業を営む中小企業においても長時間労働や様々な賃金への対応が求められています。そういったシビアな環境で事業を大きく成長させていくために必要なことは、成功した企業が成功する前に人知れず地道に行ってきた、本物の実務のノウハウを大いに活用することです。実践に裏付けられた生きたノウハウは必ず事業成長に役立ちます。社長が本当に提供したいもので勝負し、人を育てるのではなく「人を育てる仕組み」をつくり育てるのです。

本書が住まいづくりを生業にする多くの社長にとって、新たな成長の起点となることを念じてやみません。忙しい日常の中で手詰まりのように感じていても、それは霧に惑わされて遠くが見えなくなっているだけです。活路を見出す選択は全ての企業にあります。

視座を変えれば、貴社も必ず見出せます！

あとがきに代えて

シンケン入社前のことです。建築家、故三澤康彦 先生を訪ねていったことがありました。「鹿児島のシンケンに入社したい。そのために自分に何が必要か？」という問いを持ってのことでした。

三澤先生とは全く面識なしでしたが、こころよく受けて下さったのです。

大阪の先生の事務所は住宅街の一角の木造戸建で、なんというか身体全体で感じる気持ちの良さのある佇まい。中に入ると使い込まれた木の風合いが素敵でした。

夏の盛りの夕暮れ時、数名の所員の方が作業する奥から三澤先生が缶ビールを手に出てこられました。

そして、座るやいなやプシッとあけてグイッとひと飲みされました。「なんだ、自分だけかい？」と思ってしまったのをよく覚えています。

「シンケンはいい会社や。でも、大阪人が鹿児島に行ったら苦労するぞー」

ビールの缶を置いての先生の第一声です。

ひとしきり私の熱い想いを聞いてもらってから、

「よし。君はこれから勉強をして、全国の工務店の支援にまわった方がええ。人望も技術もあるのに、受注が安定せずに困ってる工務店がいっぱいあるんや」

その日は約束の時間を大幅に超えて話し込んでしまいましたが、先生は数件の連絡先を渡してくださいました。

「とりあえず、この人たちを訪ねていってごらん。勉強になると思う」

まだ、シンケンに入ることもままならない私は、いきなりの先生の弁に面食らってしまいました。当時の私には工務店を支援するだけのものは何も持ち合わせていませんでした。自らの価値観でビジネスをするということが、どういうことなのか分かっていなかったからです。あるのは漠然とした「正しい住まいづくり」への憧れだけでした。

その翌年にシンケンに入社、当初は長年身を置いてきた「販売業」のくせが邪魔をする場面もありました。そういう中でもシンケンの仲間の力添えのおかげで、実戦の中から多くのことを教わりました。

入社後10年が経ち、書籍『家づくりの玉手箱』を出版した際には、三澤先生のところにもお送りしました。するとすぐに会社にファックスが流れてきました。太い字で書かれた直筆の「激励文」でした。教わる側からやっと発する側になったことを祝う文面でした。

それからさらに10年の間、常に「自らの価値観に基づくものを高い値段で買ってもらう」という、大阪時代とは真逆とも言える課題に直面し、幾つかの事業立ち上げも実践してきました。

独立後は、置かれた環境のそれぞれ違う企業に関わる中で、いかに最短ルートで『指名受注の導線』を構築するかを追求、クライアント企業の成長とともに体系化してきました。そこで分かったことは、シンケン以外の会社・地域でもやるべきことをやるべき順で実践すれば「社長の価値観」での『指名受注の導線』はできるということです。

その過程ではシンケン入社直後の私同様、これまで慣れ親しんできた「販売業」の「くせ」に悩まされることもあるでしょう。でもその反面それを克服して「転換」を果たしたときの社長をはじめ、お客様・社員みんなの充実した笑顔に触れることは大変な喜びです。

ずいぶん時間はかかりましたが、三澤先生にあの日言われた役目は私にとっての天職だったのです。

住まいづくりに携わる会社が元請けとして「社長の価値観」で勝負し、それを支える組織とともに飛躍するために必要なことを、私の体験とともに書きました。

まだまだ書き足りないことがあることをお詫びするとともに『指名受注の導線』を構築

して競合・相見積もり・値引き・失注のない取り組みがいのある戦い方を実現したい。そう思う社長にとって、本書が少しでも一助になることを願います。
社長が先ずやることは、いま一度自らの価値観と向き合うことです。その後の『指名受注の導線』づくりは私がお手伝いできます。

「販売業」としての住宅事業しか知らなかった私を受け入れて「創造業」としての住宅事業がいかなるものかを叩き込んで下さった迫英徳社長、数々のチャンスを与えてくださったクライアントのみなさまにこの場を借りて、心からの御礼を申し上げます。
そして、まだ何も分からなかった頃の私に、将来目指すべき役割を指し示してくださった故 三澤康彦 先生に感謝と報恩の誠を捧げます。

2024年　6月　吉日

株式会社　家づくりの玉手箱　代表取締役
「日本一の工務店」のシンボルハウス戦略®開発者　吉岡　孝樹

著者　吉岡 孝樹（よしおか たかき）

神戸のアパレル会社に5年、大阪の総合不動産会社に10年勤務後、自分が住みたいと思えない住宅を顧客に勧める仕事に疑問を持ち、「日本一の工務店」鹿児島の株式会社シンケンの門を叩く。入社後180棟の住まいづくりを通じて数々の「本質」に気づく。

2010年著書『家づくりの玉手箱「吉岡さんちの暮らし」』を出版。シンケンで建てた自宅の8年間を記した同書は全国のユーザー、工務店関係者双方から革命的とも言える反響を呼んだ。出版後は、同社の数々の事業立ち上げにかかわり、高く売れる「住まい手の生活価値」とエリアを選ばない『指名受注の導線』の構築手法を体得する。

2019年株式会社 家づくりの玉手箱を設立、工務店・ビルダー向け教育・コンサルティング活動を開始、「日本一の工務店」のシンボルハウス戦略®による事業構築指導を全国各地で展開している。

他社と競合したり、価格で比べられることのない、工務店の『売れる仕組み構築』を各地で現実のものにしている。まさに「工務店の参謀」

1964年生まれ、近畿大学理工学部卒

小社 エベレスト出版について

「一冊の本から、世の中を変える」――当社は、鋭く専門性に富んだビジネス書を、世に発信するために設立されました。当社が発行する書籍は、非常に粗削りかもしれません。熟成度や完成度で言えばまだまだ低いかもしれません。しかし、

・リーダー層に対して「強いメッセージ性」があるもの
・著者の独自性、著者自身が生み出した特徴があること
・世の中を良く変える、考えや発想、アイデアがあること

を基本方針として掲げて、そこにこだわった出版を目指します。

あくまでも、リーダー層、経営者層にとって響く一冊。その一冊から経営が変わるかもしれない一冊。著者とリーダー層の新しい結び付きのきっかけのために、当社は全力で書籍の発行をいたします。

「日本一の工務店」のシンボルハウス戦略

定価：本体3、080円（10％税込）

2024年6月 7日 初 版 印刷
2024年6月25日 初 版 発行

著　者　吉岡孝樹（よしおか たかき）
発行人　神野啓子
発行所　株式会社 エベレスト出版
〒101-0052
東京都千代田区神田小川町1-8-3-3F
TEL 03-5771-8285
FAX 03-6869-9575
http://www.ebpc.jp

発　売　株式会社 星雲社（共同出版社・流通責任出版社）
〒112-0005
東京都文京区水道1-3-30
TEL 03-3868-3275

印　刷　株式会社 精興社　　装　丁　隣の広報室
製　本　株式会社 精興社　　撮　影　下田 真路

 ISBN 978-4-434-34096-3